잘못된 단어

Original title: Ein falsches Wort:
Wie eine neue linke Ideologie aus Amerika unsere
Meinungsfreiheit bedroht

by René Pfister

© 2022 by Deutsche Verlags-Anstalt

a division of Penguin Random House Verlagsgruppe GmbH, München, Germany and
SPIEGEL-Verlag Rudolf Augstein GmbH & Co. KG, Hamburg, Germany

Korean Translation Copyright © 2023 by Moonye Publishing Co., Ltd.
Korean edition is published by arrangement with Penguin Random House Verlagsgruppe
GmbH through BC Agency, Seoul

잘못된 단어

정치적 올바름은 어떻게 우리를 침묵시키는가

르네 피스터
배명자 옮김

EIN FALSCHES WORT

Wie eine neue
linke Ideologie
aus Amerika
unsere
Meinungsfreiheit
bedroht

문예출판사

추천의 말

자기주장을 보복의 두려움 없이, 자유롭게 할 수 없는 사회라면 러시아, 북한을 떠올린다. 하지만 이 책이 지적하듯 미국도 그렇다. 정치적 올바름에 들떠 절대 선을 자청한 이와 그 주장이 불편해 침묵하는 이들 사이에서 민주주의는 시들어갔다. 반발은 극우의 성장으로 이어졌고, 트럼프가 그 예다. 슬프지만 이 책의 통찰은 한국에도 유용하다. 역사의 옳은 편에 있다고 생각하는 당신에게 읽어보길 권한다.

— 남태현, 솔즈베리대학 정치학과 교수, 《미국 정치 평전》 저자

왜 다들 '진보는 싸가지 없다'고 느낄까? 이 책으로 한 가지 대답을 얻을 수 있다. 하나의 '올바르지 못한' '잘못된 단어'에 대한 집착에서 비롯한 맥락 없는 정의감으로 무장한 독단주의자들은 하나의 예외도 없이 모든 사람을 365일 24시간 '깨어 있는' 상태로 만들려 한다. 하지만 이는 모두를 피로하게 만들 뿐이며 최종적으로 자신들마저 무기력하게 만든다. 갈수록 민중과 유리된 채 공중으로 떠가는 진보 지식인들에게 경종을 울리는 책이다.

— 김내훈, 칼럼니스트, 《프로보커터》 저자

이 책은 자신과 다른 의견에 대한 '낙인찍기'가 어떤 정치적 반작용을 불러일으키는지 여러 근거를 통해 설득력 있게 제시한다. 책의 일부 사례는 한국의 진보 진영에서 상당한 논쟁을 불러일으킬 수도 있다. 그럼에도 구호로만 그치는 '정치적 올바름'이 아닌, 현실적인 변화를 이끌 방안에 대한 실마리를 제공한다는 점에서 꼭 한 번 읽어보기를 추천한다.

— 송채경화, 〈한겨레〉 기자

자유민주주의가 위기에 빠졌다. '깨어 있음'에 취해 인사불성 상태다. 독일을 대표하는 진보적 시사주간지 《슈피겔》의 워싱턴 특파원 르네 피스터는 '잘못된 단어'를 썼다는 이유로 입을 틀어막히거나 닫아버린 지식인들을 인터뷰하고, 극우처럼 변한 극좌의 정신 구조를 분석하며, 그런 폐쇄성이 트럼프의 부상과 당선으로 이어지는 과정을 되짚는다. 문제는 진보도 보수도 아니다. 극단주의자들을 지배하는 마니교적 세계관이다. 자유주의를 회복하고 민주주의를 되찾기 위해 우리는 다시 입을 열어야 한다. 필터버블에서 벗어나 정치적 승리를 추구하는 모든 이에게 권한다.

— 노정태, 칼럼니스트, 경제사회연구원 전문위원

추천의 말

목차

일러두기

_ 본문의 주석은 모두 옮긴이 주다.
_ 본문에 언급된 도서 중 국내 번역본이 있는 책은 그에 따라 제목을 표기했다.
  본문에 병기되지 않은 원서명은 '참고 자료'에서 확인할 수 있다.

왜 좌파마저 민주주의를 위협할까

가장 먼저 눈에 띈 건 무지개 깃발이었다. 2019년 4월 집을 구하러 워싱턴에 갔을 때, 부동산 중개인이 체비 체이스 구역을 추천했다. 두 아들이 다닐 말끔한 공립학교가 있는 조용한 교외였다. 프리드리히 메르츠*만큼 힙해 보이는 마을에는 거의 세 집 건너 하나씩 동성애 운동 깃발이 베란다에서 나부꼈다.

중개인에게 깃발에 관해 물으니, 2016년 11월에 마이크 펜스 공화당 부통령 당선인이 이곳으로 이사를 결정한 후부터 무지개 깃발이 게양되었다고 한다. 미국 부통령은 원래 해군 관측소 영내에 마련된 관사에 거주하게 되어 있었다. 그러나 펜스는 관사로 들어가기 전까지 임시로 머물 곳이 필요했고, 체비 체이스에서 주택 하나를 빌렸다. 중개인에 따르면, 무지개 깃발은 새 이웃에 반대하는 침묵의 항의였고 그 후로 철거되지 않은 채 남아 있는 것이었다. 펜

---

*   2019년 당시 앙겔라 메르켈의 라이벌로, 기독민주연합(기민연)의
     2인자

9

스는 성경을 문자 그대로 해석하는 기독교인으로, 인디애나주 연방 하원의원 시절에 학교에서 창조설을 가르쳐야 한다고 주장했다. 펜스에 관한 기사가 베를린의 내 책상에 도착했을 때, 나는 그 위에 "인디애나 출신 아야톨라*"라고 적었었다.

솔직히 고백하자면, 무지개 깃발 때문에 체비 체이스가 맘에 들었다. 《슈피겔》 특파원으로 미국에 가기로 결정하기 전까지, 우리 가족은 베를린의 공동주택에 10년 넘게 살았다. 나는 늘 교외에 거부감이 있었는데, 체비 체이스의 무지개 깃발을 보자 이곳이 완전히 중산층 속물 지옥은 아닐 것 같은 기분이 들었다. 3일 뒤에 나는 멋진 베란다와 작은 정원이 있는 주택의 임대차계약서에 서명했다.

미국에서 살 생각에 설렜다. 이렇게 말할 수밖에 없는데, 미국은 내게 늘 아주 호감 가는 나라였기 때문이다. 내 부모님은 미국을 신랄하게 비판하며 고개를 저었던 다른 많은 독일인과는 달랐다. 두 분은 아직도 1970년대 중반에 다녀온 샌프란시스코 여행을 추억하며 열광한다. 나는 콜트 세버스**와 〈립타이드〉를 보며 자랐고, 내 첫사랑은 〈팔콘 크레스트〉의 주인공 멜리사였다. 영화관에서 처음 본 영화가 톰 크루즈 주연의 〈탑건〉이었고, 이 영화 때문에 당시 내 또래 남학생들은 해군 패치가 잔뜩 붙은 갈색 가죽 항공 점퍼를 입고 다녔다. 나는 헤밍웨이의 간결함과 필립 로스의 에로틱한 자기 탐구를 좋아했고, 래리 데이비드의 무정부적 유머만큼 금세 나를

---

* 이슬람교 시아파의 고위 성직자 칭호
** 1980년대에 방영된 미국 텔레비전 드라마 〈더 폴 가이〉의 주인공

왜 좌파마저 민주주의를 위협할까

유쾌하게 해주는 것은 없었다.

우리 가족이 2019년 워싱턴에 도착했을 때, 두 아들의 영어가 떠듬떠듬 겨우 말하는 수준이었는데도 우리는 미국 학교를 선택했다. 후회 없는 결정이었다. 미국 학교의 교사들은 독일 학교에서 기대하기 어려운 활기찬 에너지로 우리 아이들을 맞아주었다. 둘째 아이의 담임인 래머스 선생님은 아이가 영어로 말하지 못하는 독일어 단어를 이해하기 위해 휴대전화에 통역 앱을 깔았다. 첫째 아이는 중학교에 갔고 며칠 뒤에 금세 미국인 친구들을 사귀었다. 6개월쯤 지났을 때 두 아들은 독일어 악센트가 섞인 내 영어가 귀에 거슬린다며 자기들 앞에서는 영어를 쓰지 말라고 부탁할 만큼 영어를 유창하게 했다.

새 이웃들은 감동적으로 우리를 환영해주었다. 5대째 변호사로 일하는 유대인 주디스가 추수감사절 만찬에 우리를 초대했다. 심장과 전문의 카필과 생물학자 마두라 부부가 도로 위편으로 이사를 왔고, 얼마 지나지 않아 그 집 아이들은 우리 정원에서 트램펄린을 타고 놀았다. 법학자 부부인 팀과 메간도 있다. 우리는 그들 정원에서 미국 수제 맥주를 마셨고, 그들은 언제나 내가 미국 전역을 취재하며 무엇을 경험했는지 듣고 싶어 했다.

취재 얘기를 할 때면, 나는 마치 머나먼 딴 나라 얘기를 하는 기분이 들었다. 트럼프의 선거 유세장에서 본 것은 우리가 체비 체이스에서 경험한 개방적 친절함과는 거리가 멀었다. 트럼프가 무대에 오르자마자 "USA, USA"를 외치던 군중. 트럼프의 언론대응팀이 우리 기자들을 가둬둔 차단 구역을 지나며 "거짓말쟁이"라고 수

군대며 욕하던 성난 남자들. 언론을 조롱하고 욕하는 것이 트럼프 연설의 기본 레퍼토리였다. 트럼프는 분개한 어조로 기자들이 미국 국민을 어떻게 속이는지 말했다. "보세요, 저들은 지금 방송을 내보내지 않고 있어요. 카메라 불이 꺼졌잖아요!" 트럼프가 말하자 "역겨운 CNN"이라는 군중의 외침이 홀 전체를 가득 채웠다.

체비 체이스로 돌아오면, 미국에 퍼져 있는 깊은 분노와 증오가 멀리서 울리는 천둥소리처럼 느껴졌다. 내가 이웃들에게 트럼프와 그의 지지자에 관해 얘기하면 그들은 창피해하며 당황했다. 얼굴에 분노가 서렸고, 그들의 대통령이기도 한 이 남자를 수치스러워하는 기색도 보였다. 아주 기이한 경험이었다. 나치에게서 세계를 구해 낸 나라, 최초로 달에 사람을 보냈고 공산주의를 무릎 꿇게 한 자랑스럽고 강력한 미국이 이제 위험하면서 동시에 어처구니없는 인물, 국가의 어두운 정서를 이용하는 데 탁월한 재능이 있는 허풍쟁이이자 사기꾼인 인물에게 지배받고 있었다.

체비 체이스에서 백악관까지는 지하철로 단 여섯 정거장이다. 그러나 정치적으로 트럼프는 나의 새 보금자리에서 몇 광년은 떨어져 있었다. 이웃집 앞마당에는 진보 성향이 여실히 드러나는 표지판들이 서 있었다. "바이든-해리스" 또는 총기 소지를 반대하는 미국 여성들의 모토인 "엄마들은 행동을 요구한다Moms demand action" 또는 그냥 간략히 "버니". 흑인 조지 플로이드가 경찰에 살해된 후, 둘째가 다니는 초등학교 옆 농구장에 갑자기 거대한 그라피티가 등장했다. "숨을 못 쉬겠어요I can't breathe." 2019년 10월에 트럼프가 워싱턴 내셔널스의 홈구장을 방문했을 때, 그는 수천 명에게 야유

왜 좌파마저 민주주의를 위협할까

를 받았다.

체비 체이스에서는 마치 트럼프가 존재하지 않는 것 같은 인상을 받기 쉽다. 아들의 초등학교 입구에 걸려 있는 오바마 초상화는 그가 여전히 대통령인 것처럼 매일 아침 환한 미소로 아이들을 맞이했다. 2019년 12월에 이웃이 연 한 파티에 갔을 때는 손님 40명 중에 공화당 로비스트도 있다는 것이 수군댈 만한 큰 주제였다. "트럼프 지지자예요." 한 지인이 희귀종을 발견한 생물학자처럼 살짝 격앙된 어조로 내게 속삭였다.

미국 전역에 번진 분열이 목가적인 체비 체이스에는 도달하지 않은 것 같았다. 이것이 몇 달 동안 내가 받은 인상이었다. 미국이 점점 더 분열되는 데 누군가 책임이 있다면, 그는 백악관에 사는 폭군일 터였다. 이 폭군은 매일 트위터*로 자신의 분노를 전국에 퍼트렸다. 멕시코인을 폭행범이자 범죄자라고 욕하고, 미국 남부 국경에 장벽을 세우기 위해 국방 예산에서 수백만 달러를 전용했다. 내 생각에, 미국 전역이 체비 체이스처럼 관용과 박애로 넘친다면 트럼프는 고약한 악몽처럼 금세 사라질 것 같았다.

2020년 봄에 한 친구와 벤치에 앉아 아이들의 축구 연습을 구경할 때, 처음으로 이런 생각이 흔들리기 시작했다. 그 친구는 미국 국적을 가진 오스트리아인인데 아들이 학교에서 겪은 일을 들려주었다. 백인이 레게 머리를 하면 왜 안 되냐고 물었다가 혼이 났다고 한다. 흔히 레게 머리라 부르는 드레드락 헤어스타일은 몇 년 전부

---

*   현재 바뀐 이름은 '엑스'

터 격렬한 문화전쟁 주제였다. 백인이 이 헤어스타일을 하면 안 되는 이유는, 레게 머리가 아프리카계 미국인의 문화이기에 백인이 그런 머리를 하면 '문화적 전유cultural appropriation'라는 것이다. 이제 미국에서는 '문화적 전유'라는 비난 없이 그냥 지나는 날이 거의 없을 정도다. 논쟁은 때때로 기이하게 전개되었다. 2015년에 요리 잡지인 《본 아페티트》가 "최고의 하만타셴 레시피"라는 제목의 기사를 발행했다. (하만타셴은 삼각형 모양의 유대교 전통 과자다.)

이 레시피는 1년 내내 이 잡지 홈페이지에 게시되어 있었고 아무도 거부감을 드러내지 않았다. 그러던 어느 날 뉴욕에 사는 한 음식 블로거가 트위터로 비유대인이 이 레시피를 적었다며 문제 제기를 했다. 《본 아페티트》는 재빨리 심심한 사과의 뜻을 표명했다. "이 기사는 세심하지 못한 언어로 유대교 전통 요리를 다루었고, 본 잡지의 기사 기준에 미달했습니다." 편집팀은 레시피 기사 아래에 이렇게 덧붙이고, 자료실 정리 프로젝트를 진행하여 혹여 다른 레시피에도 이와 비슷한 실수가 있는지 살피겠노라 약속했다.[1]

'문화적 전유'는 옛날부터 이미 껄끄러운 주제였다. 이 개념을 끝까지 파헤쳐 들어가면 금세 복잡한 질문들에 직면한다. 중국인 피아니스트가 바흐를 연주해도 될까? 영국 요리사가 인도 카레 요리를 하면 문화적 오만이 아닐까? 매년 수천에 달하는 일본인, 이탈리아인, 북부 독일인이 뮌헨 전통 의상인 가죽 반바지에 하펄 구두를 신고 옥토버페스트에 오면, 뮌헨 사람은 자기 문화를 방어하지 않아도 될까? 레게 머리를 둘러싼 다툼도 깊이 들어갈수록 점점 더 복잡해진다. 아즈텍 승려들 사이에 이미 그런 헤어스타일이 유행

왜 좌파마저 민주주의를 위협할까

했었고, 오늘날 일부 힌두교 승려들도 그런 머리를 한다. 그러므로 레게 머리가 오로지 아프리카계 미국인만의 문화라고 주장하기 어렵다.

2020년 10월 12일경 미국에서 콜럼버스의 날을 기념했고, 아들의 수업에서도 이 이탈리아 항해사를 다뤘다. 그때 새로운 혼란이 등장했다. 당연히 학교 수업에서 콜럼버스는 수십 년 넘게 덧씌워진 영웅의 모습이 더는 아니었다. 그는 아메리카를 '발견'한 사람이 아니라 무수한 사람을 노예로 만들고 죽음에 빠뜨린 사악한 사업가였다.

콜럼버스가 산타마리아호를 타고 이 대륙에 도착하면서 아메리카 원주민에게 일어나기 시작한 끔찍한 일들을 다루는 것은 옳은 일이고 꼭 필요한 일이다. 그러나 배 세 척으로 미지의 망망대해를 과감히 건넌 것은 획기적 업적이 아닐까? 아들과 대화를 나누면서, 학생들이 학교에서 콜럼버스의 공과를 그저 토론하는 것조차 부담스러워했음을 명확히 알게 되었다. 아들이 미국인 친구에게 "물론 콜럼버스가 잘못하긴 했지만 그 역시 당시엔 아직 어리지 않았냐고 수업 시간에 물어볼까?"라고 물었을 때, 그 친구는 아들에게 말하지 않는 게 더 좋을 거라고 답했다고 한다. "네가 곤란해질 거야." 아이들은 자신이 처한 상황의 분위기를 파악하는 예민한 감각을 가졌다. 나의 두 아들은 아주 즐겁게 미국 학교에 다녔고 이곳에서는 말할 때 아주 신중해야 한다는 것을 명심했다.

미국에서는 현재 공립학교가 좌파 세뇌의 온상이 되었다는 비판과 논쟁이 격렬하게 벌어진다. 양측의 독단주의자들이 논쟁을 좌우한다. 여러 연방주의 공화당원이 그들의 애국 교육 비전을 법제화하는 동안, 민주당원은 이념화로 물든 교육의 위험성을 외면한다. 학교에서 노예제의 과오와 노예제가 건국 초기부터 미국에 얼마나 강한 영향을 미쳤는지 다루는 것은 당연히 필수다. 그러나 나는 학교에서 아이들에게 미국의 진짜 건국일이 1776년 독립선언일이 아니라, 1619년 첫 번째 노예들이 버지니아에 도착한 날이라고 가르치는 것에 반대하는 부모들의 마음을 충분히 이해한다. 미국이 오로지 폭력과 억압만으로 건국된 건 아니라고 주장한다고 해서, 그런 부모들을 발끈하는 촌놈 취급할 수는 없다.

저널리스트 데이먼 링커가 한 기사에서 미국 좌파는 공화당원 조셉 매카시 때문에 반공 정서가 극에 달했던 시대에 그들이 저지른 실수를 현재 똑같이 반복한다고 썼고, 크게 주목받았다. 당시 좌파는 공화당의 반민주주의 히스테리에 맞서 싸우는 동시에 공산주의의 위험을 진지하게 받아들이는 대신, 매카시즘만을 위험으로 보았고 좌파의 권위주의적 위협을 간과했다는 것이다.[2] 링커의 말이 맞을까?

만에 하나 트럼프가 다시 권력을 잡는다면, 그가 단 1초도 망설이지 않고 미국을 독재국가로 만들 것을 추호도 의심하지 않는다. 2020년 8월에 나는 워싱턴에서 《슈피겔》 표지 기사를 쓰면서 "부정선거 작전"이라는 표현을 사용했는데, 그 후 악의적 조롱을 들어야 했다. 미국 민주주의의 위험을 심하게 과장했다는 비난이 쏟아졌다. 그러나 2021년 1월 6일에 의회 난입 사건이 터졌고 아무도 더

는 우리를 조롱하지 않았다.[3]

미국 대통령 선거가 있었던 2020년 내내《슈피겔》특파원으로서 미국 민주주의의 실존적 위험을 열심히 보도했다. 이 위험은 아직 제거되지 않았다. 바이든에게서 선거 승리를 빼앗으려는 트럼프의 시도는 일단 실패했다. 그러나 공화당이 지배하는 여러 연방주가 그사이 선거법을 개정했다. 목표는 명확하다. 공화당이 과반수를 차지하지 못하더라도, 2025년에 트럼프나 다른 우파 포퓰리스트를 백악관 대통령 집무실에 입성시키는 것이다.

나는 왜 이 책을 쓸까? 경직되고 독단적일 수 있지만 최선이고자 하는 교육에 왜 딴지를 걸까? 강의 때 무심코 던진 한마디 또는 SNS에 올린 도발적 발언으로 직장을 잃은 몇몇 사람들 얘기에 왜 잉크를 낭비할까? 폭스뉴스 같은 강력한 우파 채널이 진실에는 관심이 없는 선전 나팔수로 타락하는 때에, 진보 언론의 거대한 전투함인 〈뉴욕타임스〉의 정신적 기류를 왜 우려할까?

트럼프와 공화당이 훨씬 더 나쁘다는 이유로 일부 좌파의 근본주의를 외면하는 것은 태만이라 여기기 때문이다. 어떻게 샌프란시스코 교육청은 민주당 상원의원 다이앤 파인스타인이 1980년대에 동성혼을 반대했다는 이유로 '다이앤 파인스타인 초등학교' 이름을 바꿀 생각을 할 수 있을까? 크리스틴 라가르드 또는 전 외무장관 콘돌리자 라이스 같은 여성이 연설자로 초대되면, 왜 대학생들이 폭동을 일으킬까? 그리고 몇몇 미투 운동은 어떻게 무죄추정의 원칙이라는 법치주의의 초석을 흔들 수 있었을까?

이런 물음들을 탐구하는 일은 중요하다. 그것이 자유민주주의의 핵심이기 때문이다. 우파 포퓰리즘만이 자유민주주의를 위협하는 게 아니다. 인종차별 반대, 평등, 소수자 보호라는 이름으로 표현의 자유, 모든 사람은 법 앞에 평등하다는 이념, 누구도 피부색이나 성별로 차별받아선 안 된다는 헌법 등 민주주의의 기본 원칙을 무시하려는 독단적 좌파도 자유민주주의를 위협한다.

나는 이 책을 통해 이런 새로운 독단주의의 뿌리를 밝힐 것이다. 1960년대와 1970년대에 프랑스에서 미셸 푸코 같은 사상가들이 발전시킨 추상적 학술 개념이 훗날 어떻게 미국에서 정치 논쟁의 효과적 무기로 변질됐는지 설명할 것이다. 미국 대학에서 벌어진 논쟁을 질식시키는 데 이 무기들이 어떻게 이용되었는지 설명할 것이다. 비자유주의적 정신이 어떻게 강의실과 도서관에서 나와 〈뉴욕타임스〉나 CNN 같은 언론, 아마존과 맥도날드 같은 대기업, 학교와 행정관청 등 미국의 일상생활을 좌우하는 기관들 속으로 스며들었는지를 보여줄 것이다.

이 책에서 설명하고자 하는 현상들은 '정체성 정치', '깨어 있음', '취소 문화' 같은 여러 키워드 속에서 토론된다. 나는 이 개념들을 다루며, 그것이 얼마나 정확하고 유의미한지 물을 것이다. 그러나 좌파 진영은 '취소 문화' 같은 것은 존재하지 않고, 잘못된 단어나 논란이 된 기사 때문에 직업이나 평판을 잃을 수 있다는 주장은 터무니없다고 종종 반박한다. 그래서 이 책의 일부는 미국을 둘러보는 여행이기도 하다.

나는 이 새로운 시대정신의 희생자 또는 수혜자가 된 사람들과 얘기를 나눴다. 허드슨 밸리에서는 친절한 노신사 이안 부루마를

왜 좌파마저 민주주의를 위협할까

만났다. 그는 미투 운동가들이 인터넷에서 터뜨린 분노의 여파로 《뉴욕리뷰오브북스》 편집장 자리를 잃었다. 뉴욕의 한 카페에서는 데이비드 쇼어와 얘기했다. 민주당의 젊은 여론 분석가인 그는 트위터에 올린 아주 평범한 글 때문에 직장을 잃었다. 올랜도의 한 호텔에서는 크리스토퍼 루포를 만났다. 우파 활동가인 그는 '깨어 있는' 미국인에 반대하는 캠페인으로 부자가 되었다.

이 모든 게 우리와 무슨 상관이란 말인가? 이 책은 경고 메시지이기도 하다. 미국에서 온 모든 문화와 사상이 조만간 우리에게도 주입될 것이다. 미국에서처럼 독일의 좌파 진영 역시 공산주의 붕괴 이후 세계를 설명할 새로운 공식을 찾고 있다. 마르크스는 종교를 '민중의 아편'이라고 불렀다. 역설이 아닐 수 없는데, 세월이 흐르면서 그의 가르침은 실질적 적용에서 종교적 치유 가르침과 매우 유사해져 아편 같은 효과를 낼 수 있었기 때문이다.

내가 이 책에서 설명하려는 이념 역시 이와 아주 유사하다. 이 이념 역시 철저히 세속적인 해방운동의 가운을 걸치고 있지만, 종교적 차용으로 가득하다. 끊임없는 비판적 자기 성찰로도 씻을 수 없는 백인의 원죄. 백인 남성이 다른 모든 사람(여성, 흑인, 동성애자, 트랜스젠더)을 억압하는 이원론적 분열. 아주 사소한 잘못이라도 공개적인 죄의 고백과 자책이 따라야 한다.

이 지점에서 내가 너무 거친 붓으로 그림을 그리는 것처럼 보인다면, 미국의 반인종차별주의 작가로 가장 영향력이 있고 독일에서도 인기가 아주 높은 로빈 디앤젤로와 이브람 켄디의 책을 읽어보기 바란다. 디앤젤로는 자신의 베스트셀러 《백인의 취약성》에 이렇게 썼다. "백인의 긍정적 정체성은 불가능하다. 백인은 본질적으로 인종차별적이다. 백인 지배체제가 없는 곳에는 백인이 존재하지 않는다."[4] 이브람 켄디의 일부 저서들은 의도적으로 양심 성찰을 위한 종교 지침서처럼 구성되어 있다.

미국에서나 있는 일이라고 생각하는 사람도 있으리라. 그러나 독일 정부도 이제는 유색인종 차별에 반대하는 정당한 투쟁을 '반인종차별주의'라고 부른다. 반인종차별주의는 미국에서 발달한 이념으로, 엄격한 계명을 따른다. 독일 언론사들 역시 같은 사회적 환경에서 자란 사람들을 채용하는 경향이 있다. 내가 인터뷰한 교수들은 우려스러운 독단주의가 독일 대학에 어떻게 퍼지고 있는지 아주 상세하게 설명했다.

독일은 미국의 정치 문화를 독살하는 이런 양극화를 막을 기회가 아직 있다. 그러려면 헌법의 근간을 흔드는 우파 정치 세력에 맞서 투쟁해야 한다. 그러나 살아 있는 민주주의를 위해서는 좌파 정치 세력의 변질 역시 날카로운 눈으로 지켜봐야 한다. 극단주의자들이 서로를 밀치고 독단적 좌파가 극우파의 원동력이자 생명수가 되어버린 미국과 똑같은 길을 독일이 따라가서는 안 된다.

이 책은 보수주의 관점이 아니라 자유주의 관점에서 쓰였다. 나는 마지막 두 장에서, 민주주의 진영이 비자유주의적 방법을 쓰면 결국 자신을 해치게 되는 이유를 설명할 것이다. 주장 자체가 아니라 그 주장을 말한 사람의 피부색이나 성별에 초점을 맞추는 것은, 내가 보기에 재앙이다. 열린 논쟁이 분노의 말들에 질식당하고 인종차별주의자, 이단, 코로나 음모론자, 푸틴 지지자 등으로 낙인찍

왜 좌파마저 민주주의를 위협할까

힐까 두려워 자신의 의견을 자유롭게 말할 수 없다면, 여기서 이익을 얻는 사람은 반민주주의자뿐이라고 나는 생각한다.

독일에는 아직 트럼프 같은 정치인이 없다. 그러나 연방의회와 15개 주 의회에서 우파 포퓰리즘 정당이 의석을 확보했고, 많은 유권자가 자기들의 관심사를 언론과 기성정당이 진지하게 다루지 않는다고 느끼기 때문에 우파 포퓰리즘 정당이 아주 강해졌다. 알렌스바흐연구소가 2021년 여름에 발표한 여론조사 결과는 좌파 진영도 긴장시켰다. 정치적 견해를 자유롭게 표현할 수 있다고 답한 독일인이 45퍼센트에 불과했고, 44퍼센트가 그렇지 못하다고 답했다. 시민들이 자기 생각을 공개적으로 밝힐 수 없는 것이 민주주의에 위협이 될지 잠깐이나마 토론이 시작될 듯했다.[5]

그러나 이 여론조사가 기본적으로 무의미하다는 주장으로 이런 물음은 일축되었다. 알렌스바흐연구소가 여론조사에서 다음과 같이 물었기 때문이다. "오늘날 독일에서 정치적 의견을 자유롭게 이야기할 수 있다고 생각합니까, 아니면 조심하는 편이 낫다고 생각합니까?"〈차이트 온라인〉은 "자기 보호 차원에서라도" 말조심해서 나쁠 것은 없으므로 이런 질문으로는 표현의 자유에 관한 의미 있는 추론을 할 수 없다고 논평했다. 다만 문제는, 민주주의에서 공개적으로 자신의 의견을 표현할 수 없는 유권자들이 자신의 분노와 저항을 투표소에서 익명으로 표출할 수 있다는 것이다.[6]

워싱턴에 온 지 몇 달이 되었을 때 나는 프렌드십하이츠 지하철역 자전거 보관소에서 코듀로이 재킷 차림의 한 노신사를 만났다.

그는 내 자전거 옆에 자신의 멋진 이탈리아 자전거를 세웠다. 체비체이스에서 자전거를 타는 사람은 우리 둘뿐일 것 같은 약간의 동질감에 우리는 금세 대화를 시작했다. 나는 처음에 밀턴(노신사의 이름)이 조지타운대학의 역사학과 교수이거나 진보 성향의 공무원일 거라고 생각했다. 그러나 도심으로 향하는 지하철 안에서, 나는 그가 독실한 가톨릭 신자이고 트럼프가 가톨릭 신자인 브렛 캐버노를 미연방 대법관에 임명한 것에 크게 감명받았다는 걸 알게 되었다.

밀턴은 평생 확고한 공화당 지지자였다. 그러나 진보 성향의 〈워싱턴포스트〉를 구독하고, 이웃과 열띤 정치 토론을 벌이던 시절도 있었다. 이제 그런 시절은 끝났다.

밀턴이 말하기를 〈워싱턴포스트〉는 좌파 선전지로 변질됐고 지금처럼 자극적인 정치 환경에서는 이웃과 논쟁을 피하는 것이 더 낫다고 했다. "내가 트럼프에게 투표했다는 걸 그들이 안다면 아마 나를 창밖으로 던져버릴 겁니다."

현재 미국에는 밀턴 같은 사람이 수백만 명에 이르고, 그런 사람이 미국에만 있는 건 아니다. 〈워싱턴포스트〉, 〈르몽드〉, 《슈피겔》 등의 구독을 중단하고 기성정당에 등을 돌리거나 트럼프, 마린 르펜*, 알렉산더 가울란트** 같은 극우 포퓰리스트에게 조용히 투표하는 사람이 많아졌다. 알렌스바흐연구소가 실시한 표현의 자유에 관한 여론조사 방법에 문제가 있다고 지적하고 싶으리라. 그러

---

* 프랑스 극우 정당 국민연합의 총재
** 독일 극우 정당 독일을 위한 대안 원내대표를 역임한 인물

나 이 여론조사 결과는 다른 서방국가들에서도 드러나는 하나의 트렌드를 보여준다. 유고브의 여론조사를 보면, 영국인의 57퍼센트가 부정적 결과가 두려워 때때로 정치사회 문제에 관한 의견 표현을 자제한다.[7]

2022년 3월에 〈뉴욕타임스〉는 "미국이 직면한 표현의 자유 문제"라는 제목으로 긴 칼럼을 실었다. 미국인들이 현재 "자유로운 시민사회의 근본적 권리, 즉 욕을 먹거나 외면당할 걱정 없이 자기 생각을 공개적으로 말하고 의견을 밝힐 권리"를 잃었다는 내용이다. 이 칼럼에는 설문조사가 곁들여졌는데, 결과가 두려워 일부 국민이 표현의 자유를 누리지 못하는 것을 문제로 여기는 미국인이 84퍼센트나 되었다. 신랄한 비판, 심지어 비난이 두려워 입을 닫은 지 오래라고 응답한 사람은 55퍼센트였다.[8]

어쩌다 이렇게 되었을까? 어떻게 이런 수치가 나올까? 지난 수십 년 동안 미국 대학에서 발달했고 독일의 담론에도 영향을 끼치는 신종 편협성을 이해하려 노력할 때 비로소 우리가 사는 현재와 그 정신적 기류를 파악할 수 있다. "우리는 모두 인간이다." 현재 이 문장은 선을 넘는 표현으로 이해된다. 그 이유가 궁금하다면 컬럼비아대학 심리학 교수 데럴드 윙 수의 책을 읽어야 한다. 알리체 슈바르처 같은 페미니스트들이 "질을 가진 사람이 여성이다"라고 말하면 갑자기 '트랜스포비아'라고 욕을 먹는다. 그 이유를 알고 싶다면 주디스 버틀러의 복잡한 텍스트를 연구해야 한다. 지금까지 자신의 의견과 정치적 견해가 주류일 거라 생각했던 사람들이 갑자기 직장을 잃는다. 여기에는 더 깊은 이유가 있다.

이안 부루마 사건

누구에게나 일어날 수 있다

이안 부루마가 말하기를, 가장 심각한 문제는 재정적 추락이나 갑자기 의료보험을 잃는다는 두려움이 아니라 수십 년 넘게 당연히 소속해 있던 세상에서 내쳐진 기분이라고 했다. 그는 계속해서 기사를 편집하고 발행하고 싶다고 말했다. "하지만 젊은 직원들이…… 아시잖아요……." 그가 오랫동안 칼럼을 연재한 유력 신문사조차 연락을 끊었다. "이 상황을 정신적으로 받아들이기까지 아주 오래 걸릴 겁니다." 부루마가 말했다.

2018년 9월 중순, 그의 삶이 무너졌다. 《뉴욕리뷰오브북스》 대표 리아 헤더만이 부루마를 사무실로 불렀다. 16개월 차 편집장은 이날 직장을 잃게 되리란 걸 꿈에도 생각하지 못했다. "정말 큰 충격이었습니다." 헤더만이 계속해서 다독여주지 않았다면 그는 이 거센 폭풍을 견뎌내지 못했으리라.

부루마가 지안 고메시 기사를 잡지에 내기로 결정하면서 분노의 폭풍이 시작되었다. 고메시를 다루는 것이 위험할 수 있음을 부루마는 각오하고 있었다. 페르시아계 캐나다인 고메시는 2014년에 경력이 끝나기 전까지 록스타이자 인기 많은 라디오 진행자였다. 고메시의 추락은 〈토론토 스타〉에 실린 기사로 시작되었다. 세 여성이 기사에서 폭로했다. 고메시가 그들을 때리고 목을 조르고 성폭행한 후 폭언을 퍼부었다는 것이다. 캐나다 공영방송 CBC는 고메시를 해고했다. 거의 비슷한 시기에 십여 명이 넘는 여성들이 고메시를 상대로 유사한 내용을 폭로했고, 결국 고메시는 다수의 성폭행 혐의로 기소되었다.

재판은 2016년 2월 1일에 시작되었고 무죄로 판결이 났다. 당사자가 둘뿐이고, 진술이 상반되는 사건에서 종종 그렇듯이 유죄를 입증하기가 어려웠기 때문이다. 마지막에 고메시에게 유리하게 작용한 것은 그를 고소한 여성들의 진술이 모순된다는 사실이었다. 판사는 여성들이 법원을 속였고, 진실만을 말하겠다는 맹세를 일부 저버렸다고 판결했다. 또 다른 고소 건은 고메시가 공개적으로 사과하기로 합의한 후에 취하되었다.[1]

《뉴욕리뷰오브북스》에 실린 고메시 기사에는 "해시태그의 반향"이라는 제목이 붙었다. 정식 형사재판에서 무죄판결을 받았으나, 대중의 도덕재판에서 단죄받아 예전의 삶으로 돌아갈 수 없게 된 한 남자의 체험담이었다. 고메시는 이렇게 썼다. "나의 무죄판결은 나를 고소한 여성들뿐 아니라, 수많은 관찰자에게도 깊은 불만으로 남았다. 비록 법적으로 무죄판결을 받았더라도, 나는 아주 더러운 놈이자 직장을 잃고 명예를 훼손당하는 것만으로는 부족한 악랄한 성폭행 깡패가 된 기분이었다."[2]

눈물겨운 글이었고, 고메시는 확실히 자신이 억울한 일을 겪은

이안 부루마 사건 누구에게나 일어날 수 있다

것처럼 표현했다. 하기야, 스스로 부인했고 법원이 입증하지 못한 혐의를 자백하는 것이 체험담의 과제는 아니니까. 고메시는 자신을 도덕적으로 완벽한 사람으로 표현하지 않았다. 다만 그는 데이트와 섹스가 어떻게 그의 지위상징이 되었는지를 기술했다. 고메시는 자기 같은 남자들을 묘사할 수 있는 단어가 아주 많을 거라며 나열했다. "불한당, 깡패, 악당, 바람둥이."

부루마는 65세에 영어권 최고 문예 교양 잡지인 《뉴욕리뷰오브북스》의 편집장이 되었다. 아카데미 감독상 수상자 존 슐레진저의 조카이기도 한 그는 헤이그에서 성장했고, 저널리스트이자 다큐멘터리 영화 제작자로 오랜 시간을 아시아에서 보냈다. 〈가디언〉과 〈뉴욕타임스〉에 칼럼을 썼고, 베를린과학연구소와 옥스퍼드대학에서 연구원으로 일했다. 《뉴욕리뷰오브북스》의 편집장으로 일하기 전에는 10년 넘게 바드 칼리지의 교수였다. 바드 칼리지는 뉴욕 북부 허드슨 밸리에 있는 대학으로 1940년대에 유럽에서 온 지식인들에게 새로운 고향을 제공했고, 그곳 공동묘지에는 철학자 한나 아렌트가 묻혀 있다. 분노의 폭풍을 맞은 그에게 다시 피난처가 되어준 바드 칼리지 연구실에서, 그는 평생 자신을 자유주의자로 여기며 살았노라 내게 말했다.

고메시의 체험담이 실리기 전부터 이미 《뉴욕리뷰오브북스》 편집팀에서 의견 대립이 있었다. "남성이냐 여성이냐는 전혀 중요하지 않았어요. 칸막이는 세대 간에 있었죠." 특히 젊은 직원들이 고메시 기사에 우려를 표명했다. "하지만 결국 전 생각했죠. '나는 편집장이다. 내가 결정해야 한다.'" 고메시 기사가 실리기 전에 인터넷에 먼저 공개되었을 때, 부루마는 이 기사가 논쟁 그 이상이 될 거라는 사실을 예상했다.

분노에 찬 한 편집자가 그에게 칼을 꽂았고, 트위터에서 거대한 분노가 일었다. 페미니스트 모나 엘타하위가 트위터에 "남성들의 투덜거림을 왜 우리가 들어야 하지? 교활하게 약탈을 일삼는 여성혐오자의 말을 들을 필요가 있을까?"라고 썼다. 그렇게 폭격이 시작되었다.[3]

부루마는 오해를 바로잡기 위해《슬레이트》와 인터뷰했다. 그는 도덕적으로는 잘못했을지 모르나 형사적으로는 무죄인 사람을 대하는 방법을 토론해보자는 취지에서 고메시 기사를 실었다고 말했다. 그러나 대중의 흥분에는 한 가지 진술만이 남았다. 고메시가 여성을 학대하고 심지어 폭행한 혐의에서 무죄판결을 받았다는 사실만 부루마가 강조하고 그 밖의 모든 것은 "내 알 바 아니다"라고 했다는 것이다. 이 진술만이 폭탄처럼 인터넷에 던져졌다.[4]

부루마는 트위터를 하지 않았다. 시간 낭비로 여겼기 때문이다. 또한 인터넷의 흥분 사이클에서 멀리 떨어져 있는 것이 더 현명하다고 여긴다. 그래서 그는 고메시 기사가 불러일으킨 디지털 폭풍을 다른 사람에게 전해 들었다. 트위터에서 욕을 먹는 수많은 사람처럼, 부루마 역시 이런 분노와 실제 삶은 무관할 거라 생각하며 마음을 진정시켰다. 또한 잡지사 대표 헤더만도 대중의 흥분에 절대 흔들리지 않겠다고 장담했기 때문에, 그날 9월 아침에 대표의 호출을 받았을 때 부루마는 크게 걱정하지 않았다. 그러나 헤더만은 그날 부루마에게 편집장 자리에서 물러나는 것이 좋겠다고 털어놓았다. "정말 큰 충격이었습니다. 전혀 예상하지 못한 일이니까요. 나는 이유를 따져 묻고 물러나지 않겠다고 버텨야 했어요." 그러나 그 순간 그는 그렇게 할 만큼 냉정을 유지할 수 없었다. 부루마는 완전히 충격에 휩싸여 스스로 물러나겠노라 수긍했다. 잡지사는 고메시 기사를 편집하고 발행하는 데 실수가 있었다는 해명 보도자료를 냈다. 인쇄되기 전에 어떤 편집자에게도 기사를 보여주지 않았다고 해명했지만 부루마는 강력히 부정했다. 헤더만은 나의 인터뷰 요청에 응하지 않았다.

부루마는 현재 헤더만이 편집팀을 진정시키기 위해 그렇게 해명할 수밖에 없었을 거라고 생각한다. "나를 비판하는 목소리가 높긴 했지만, 대다수는 아니었어요. 이런 일이 생기면 언제나 패턴이 똑같습니다." 기관과 기관장들은 직원과 부정적 언론의 여파 그리고 갈등이 두려워 목소리 큰 소수 앞에 무릎을 꿇는다. 이것에 동의하지 않는 중립적 입장의 직원들은 자기 자리를 잃을까 두려워 방관한다.

그래도 부루마는 운이 좋았다. 십여 명의 예술가와 지식인이 그를 위해 성명서를 냈다. 소설가 이언 매큐언과 역사학자 앤 애플바움도 성명서에 서명했다. "《뉴욕리뷰오브북스》는 열린 지적 토론의 원리를 기반으로 설립되었다. (부루마의) 해고는 잡지의 임무인 자유로운 의견 교환을 해친다." 이런 내용의 성명서도 해고를 막지 못했다. 헤더만은 성명서를 게시하면서 분노한 독자 편지도 함께 공개했다.[5]

29

언뜻 보기에 부루마에게 특별히 큰 타격은 없었던 것 같다. 그는 전화 한 통이면 예전 자리인 바드 칼리지 교수로 돌아갈 수 있었다. 그러나 부루마가 아주 오랫동안 칼럼을 연재한 일부 신문과 잡지들이 먼저 그와 일하기를 피했다. 〈가디언〉은 칼럼니스트 모이라 도네건이 부루마를 향해 쓴 분노의 공격을 실었다. 도네건은 부루마가 미투 운동을 배신했다고 비난했다. "너무 방어적이고 호기심이 없고 편협하여 진정성 있게 미투 운동에 전념할 수 없는 사람들이 우리 시대의 위대한 지적 성취를 모욕한다."[6]

이 칼럼은 언론이 무조건 대의를 위해 봉사해야 한다는 노골적 요구였다. 이런 멜로디를 연주한 글이 이것만은 아니었다. 콘스탄스 그래디는 미국 잡지 《복스》에 "고메시의 체험담 같은 글들이 애초에 미투 운동이 탄생할 수밖에 없게 만든 가부장적 구조를 강화한다"라고 썼다.[7] 지아 톨렌티노는 《뉴요커》에서 미투 운동은 근본적으로 반대가 허용되지 않을 만큼 획기적 혁명이라고 선언했다. "이것은 인류사에서 매우 중요하고 특별한 상황이다. 최근 들어 반대 세력이 우주의 균형을 되돌리려 애쓰고 있다. 여성들은 '그들의 모멘텀'을 확보했고 독특한 문화적 호의를 받고 있다. 그러나 남성의 중력이 효력을 내고, 그 힘은 대중의 관심을 다시 원래 자리인 남성적 영웅 이야기로 돌려놓는다."[8]

이런 글들에서는 혁명 운동에서 일반적으로 볼 수 있는 열정, 역사에서 올바른 편에 섰다는 확신, 시대의 계명에 순응하지 않는 모두를 향한 비관용이 보인다. 부루마가 미투 운동에 등을 돌린 것이 아니다. 오히려 그 반대다. 부루마는 《슬레이트》 인터뷰에서 "평

이안 부루마 사건 누구에게나 일어날 수 있다

등을 가로막는 남성의 태도를 미투 운동이 교정할 거라 믿어 의심치 않습니다"라고 말했다. 그러나 사람들은 고메시의 체험담을 실은 것만으로도 그를 무자비하게 쓰러트리기에 충분하다고 여겼다. 반어법이 아니다. 이 일로 여론재판이 얼마나 냉혹한지 여실히 드러났기 때문이다.

고메시 같은 사람의 체험담을 싣는 것이 필요할까? 다른 사람을 괴롭힌 누군가에게 관심을 줄 필요가 있을까? 고메시의 사례는 다소 애매하다. 그는 무죄를 선고받았다. 그러나 그의 행위가 도덕적 기준에 명확히 위배되므로 다른 방식으로 처벌해야 마땅하다고 대중은 생각한다. 처벌의 강도, 즉 벌금이나 징역이 아니라 공개적 배척의 정도와 기간으로 측정하는 처벌도 문제였다. 그러나 공개 포럼을 허락하지 않는 것이 처벌에 속한다면, 그러니까 범죄자가 앞에 나와 자신의 새 삶을 진술할 권리조차 금지한다면 처벌의 강도를 어떻게 측정한단 말인가?

부루마는 벌써 수년을 살아온 국가와 항상 거리를 유지했었다. 그는 자주 자기 자신에게 물었다고 한다. 왜 미국은 프랑스나 이탈리아 같은 유럽 국가보다 도덕적 격변에 취약할까? 미국이 여전히 아주 깊이 종교적 국가라는 것이 그가 찾은 답이었다. "이곳 사람들이 더는 교회에 가지 않더라도, 기독교 윤리가 그들 깊숙이 주입되어 있습니다." 가톨릭 신자들은 고해성사로 죄를 고백하는 것에 익숙하고, 자신의 잘못을 공개적으로 참회하고 믿음의 순수성을 확인하는 것은 개신교 전통이다. "그것은 아주 미국적인 전통이고 세속적 버전으로도 존재합니다. 이를테면, 어떤 배우가 성매매를 들키면 〈오프라 윈프리 쇼〉에 나가서 미국인들에게 사과합니다."

편집장으로 계속 일하고 싶으면 공개 사과를 하라고 어느 유명 잡지의 편집자가 충고했다고 한다. "하지만 사과할 수 없어요. 솔직히 말해 내가 잘못했다고 생각하지 않으니까요. 심각한 실수라면 몰라도 잘못은 아니라고 생각합니다. 그리고 설령 공개 사과를 했더라도 과연 도움이 되었을지 모르겠네요."

부루마를 가장 괴롭힌 것은 실향민이 된 기분이었다. "그게 현대의 문화전쟁과 1950년대 미국에서 있었던 반공 히스테리의 차이예요. 1953년에 공산주의자로 찍히면 직장과 몇몇 친구를 잃었을 겁니다. 하지만 전선은 명확했죠. 좌파는 좌파 진영을 자기편으로 가졌고 적은 우파와 반공주의자였죠. 하지만 나는 내 세상에서 추방당한 기분이 들었습니다."

부루마는 언제나 경계선에 서 있었다. 그는 2009년 한 무슬림이 암스테르담에서 연 '게이 프라이드'에 대해 《뉴요커》에 썼다. 〈가디언〉에는 일본의 에로틱 예술에 관해 썼다. 그의 책들은 미국과 영국의 복잡한 관계로 가득했고 전쟁 마지막 해인 1945년을 다룬 책은 많은 찬사를 받았다. 〈뉴욕타임스〉에서는 이슬람 민주주의가 이라크에서 가능할지를 깊이 있게 다뤘다. 부루마가 어느 진영에 속하는지 특정하기 어려웠다. 아마도 그래서 파멸에 이르렀는지도 모른다.

부루마 사건은 대립 논쟁을 시작하고 견딜 용기를 잃어버린 언론의 문제인 것 같다. 인터넷에서 필터버블* 발언만 베낀다면 진보언론이 왜 필요하겠나? 그러나 부루마는 훨씬 더 근본적인 문제를 불러일으켰다. 깨어 있는 진영은 트럼프에 맞서 싸울 때도 취약성을 보이는데, 그 이유는 그들이 무엇보다 자기편에서 적을 찾아내는 데 몰두하기 때문이다. "그냥 하는 비교가 아니라, 정말이지 바이마르공화국을 약간 닮았습니다. 당시 공산주의자들은 나치를 싫어했지만 사회민주주의자들을 더 증오했어요. 오늘날에도 나 같은 자유주의자들이 사방에서 공격받고 있습니다. 트럼프에게서 그리고 독단적 좌파들에게서. 이는 민주주의를 위협합니다."

<hr />

*   인터넷의 정보제공자가 이용자의 취향이나 선호도에 따른 특정 정보를 선별적으로 제공하여 이용자가 기존 관심사에 부합하는 정보만 받게 되는 현상

모든 것이 담론이다

권력의 새로운 언어

혁명은 대개 소리 없이 조용히 진행되고 그래서 사람들은 시간이 흘러서야 비로소 세상이 얼마나 많이 변했는지 알아차린다. 오늘 날 혁명을 추진하는 사람들도 이해한 단어보다는 신념화한 단어를 자주 다루는데 이를테면 백인 특권, 미세공격*, 가부장적 구조 등이 다. 시험문제에 부적절한 단어를 사용한 교수에게 분노를 터뜨리기 위해 굳이 데릭 벨의 글까지 읽지 않아도 된다. 소외된 사람들의 목소리를 반박해서는 안 된다고 주장하기 위해 굳이 킴벌리 크렌쇼의 교차성 개념을 연구하지 않아도 된다. 시대정신만 감지할 수 있으면 된다. 작가 데이비드 로렌스가 썼듯이, 한 세대의 이념은 다음 세대의 본능이 된다.

그러나 그것은 어떤 이념일까? 내가 이 책에서 묘사하고자 애쓰는 현상들의 정신적 기반은 여러 사상가에게서 왔다. 나치 시대에 미국으로 이주하여 1965년에 〈억압적 관용〉이라는 에세이를 쓴

---

*　　이 개념은 '대학 문화: 침묵 수도원이 된 대학' 참조

독일 사회학자 헤르베르트 마르쿠제에서 논의를 시작할 수 있겠다. 1979년 슈타른베르크에서 사망한 마르쿠제는 무엇보다 학생운동의 선구자로 기억된다. 그러나 그의 36쪽 분량의 짧은 에세이는 오늘날에도 여전히 효력을 내고 있다.[1]

〈억압적 관용〉에서 마르쿠제는 놀라운 사상을 선보인다. 관용은 각기 다른 종교와 신념을 가진 사람들이 처음으로 함께 살아갈 수 있게 했다. 그런 관용을 그는 서방의 민주주의국가와 권력자가 가진 억압 도구라고 주장한다. 마르쿠제는 두 방향으로 주장을 펼친다. 첫째, 관용은 자유의 허상을 만든다. 시민들은 자신의 의견을 표현할 수 있는 권리와 투표권을 가졌기 때문에, 자기 결정적 삶을 살고 있다고 착각한다. 그렇게 관용은 "노예제에 면죄부를 주는 도구"가 된다. 둘째, 권력자들은 그들의 정책이 모두의 이익을 위해서라고 주장하며 관철하기 위해 관용을 요구한다. "과격한 악에 관용을 베푸는 것이 이제 좋아 보인다. 풍요로 가는 길에서 그것이 전체를 하나로 묶어주기 때문에……."[2]

마르쿠제의 글에는 베트남전쟁 반대와 미국 좌파의 소비사회 비판이라는 1960년대의 시대정신이 담겨 있다. 마르쿠제는 기본적으로 열린 논쟁을 옹호하지만 자본주의 사회에서는 열린 논쟁이 불가능하다고 여긴다. "정치 및 경제 권력의 도구로 전락한 독점적 언론의 지배 아래에서는 사회의 중요한 관심사에서 항상 무엇이 옳고 그른지, 무엇이 진실이고 거짓인지가 미리 정해져 있다는 사고방식이 형성된다." '전체주의적 민주주의'에서 지배자들은 권력을 유지하는 수단과 방법을 늘 찾아낼 것이다. 그러므로 마르쿠제는 발

모든 것이 담론이다 권력의 새로운 언어

전을 방해할 것 같은 정치권력을 열린 논쟁에서 배제하자고 요구한다.

"공격적 정책, 무장, 쇼비니즘, 인종 및 종교의 차별을 옹호하거나 공공서비스와 사회보장, 의료서비스 등의 확대를 반대하는 단체와 운동에 표현 및 집회의 자유를 허용하지 않는 것이 그중 하나다. 더하여 모든 방법과 개념으로 볼 때, 기존의 말과 행동에 정신을 가둠으로써 대안의 합리적 평가를 애초에 막아버리는 교육기관의 가르침과 실천을 다시 엄격히 제한해야 사고의 자유를 회복할 수 있다."[3]

이런 패턴의 주장이 최근 몇 년 동안 거의 바뀌지 않은 형태로 미국 대학으로 돌아왔다. 현재 거의 일주일에 한 번은, 감수성이 부족하거나 후진적이거나 소수자에게 상처를 준다고 여겨지는 의견을 냈다는 이유로 교수가 정직당하거나 초청 연사가 거부당한다. 이런 점에서 보면, 마르쿠제는 민주주의의 근간인 표현의 자유를 본질적으로 지배자의 손에 들린 곤봉이라고 보는 견해의 선구자였다.

마르쿠제가 자신의 절대적 편파성을 감추지 않은 것만큼은 인정해줘야 한다. 그는 "후진적이고 억압적인 의견에 베푸는 관용을 체계적으로 철회해야 한다"고 썼다. 마르쿠제의 주장을 끝까지 따라가면, 1964년 미국 대통령 선거에서 린든 존슨뿐 아니라 그의 적수였던 배리 골드워터 역시 자격을 박탈했어야 마땅하다. 존슨은 베트남전쟁을 지속하여 군국주의자로 통했고, 골드워터는 미국 남부의 인종차별을 끝내기 위해 제정한 '1964년 민권법'에 반대했기 때문이다.

미국의 정치 스펙트럼 전체를 간단히 반민주적이라고 선언하는 이론 자체가 전체주의인 것은 분명하다. 그래서 최근 미국에서는 마르쿠제가 속했고 마르크스주의의 영향을 받은 프랑크푸르트학파와 마르쿠제가 실제로 최신 담론에 얼마나 많은 영향을 미쳤는지를 두고 열띤 논쟁이 벌어졌다. 특히 영향력 있는 비판적 인종 이론 당대 대표자들은 이런 논쟁을 반공산주의적 히스테리 반사작용이라며 거부했다.

그러나 미국에서 변혁을 위한 진보적 교육에 관한 일이면, 여전히 마르쿠제가 인용된다. 2005년에 미네소타의 세인트토마스대학 교수인 스티븐 브룩필드가 마르쿠제의 이론이 강하게 주입된 글을 썼다. "교사가 수업 시간에 다양한 목소리, 그러니까 흑인이나 아시아 학자의 목소리를 소개하는 것만으로는 충분치 않다. 이 목소리는 백인 학자 옆에 있는 '이색적인 다른 목소리'로 보일 뿐이기 때문이다. 이런 식으로 백인 교사는 자신의 양심을 달래고 포용과 문화적 평등을 향해 한 걸음 내디뎠다고 자위할 수 있다." 마르쿠제가 말하는 진정한 관용에 도달하려면 '주류의 이념'을 교실에서 완전히 없애야 한다. 성인 교육 프로그램에서는 오로지 아프리카 중심 목소리와 견해만을 허락해야 한다. 한마디로 브룩필드는 진보라는 이름으로 과격한 편파성을 옹호한다.[4]

다른 한편, 마르쿠제와 프랑크푸르트학파는 미국 대학의 정신적 기류에 결정적 영향을 준 이론가 세대의 선도자였다. 그중 대표적 인물이 바로 프랑스 철학자이자 역사학자인 미셸 푸코다. 청년 푸코는 마르쿠제와 마찬가지로 공산주의자였다. 그러나 20대 중반에 이미 프랑스 공산당에서 탈퇴했다. 푸코는 이탈리아 저널리스트 두치오 트롬바도리와 인터뷰할 때, 프랑크푸르트학파가 그에게 얼마나 인상 깊었는지를 설명했다. "나는 프랑크푸르트학파의 책을 더 일찍 읽고 이해했더라면 좋았을 사람들에 대한 죄책감에서 그 철학자들을 칭송합니다. 내가 청년 시절에 이 학파의 철학자들을 알았더라면, 나는 그들에게 아주 깊히 감명받아 그들을 논평하는 것 말고는 아무것도 할 수 없었을 겁니다."

푸코의 책들은 무엇보다 권력 체계가 어떻게 확립되고 유지되느냐에 관심이 있다. 그의 글들은 역사 논문(또는 푸코가 썼듯이 '고고학')이면서 동시에 철학적 탐구다. 예를 들어《광기의 역사》에서 푸코는 이성의 개념이 어떻게 광기를 만들어내는지 설명하고자 애쓴다. 푸코의 이야기에서 광기는 이성의 어두운 면, 사회가 제재하려 애쓰는 비난할 만한 것이다. 사회적 제재는 1656년 파리에서 운영되기 시작하여 거지와 병자뿐 아니라 지배 질서에 저항하는 모든 사람을 가두었던 '종합병원' 같은 억류 장소를 통해 우선적으로 이루어졌다. 나중에는 정신병자를 위한 특수 병원을 통해 제재했다. 푸코의 말을 빌리면, 이런 병원은 반대자를 시민사회 코르셋 안으로 욱여넣는 역할을 했다.

푸코는 1975년에 출간한《감시와 처벌》에서 프랑스 국왕 루이 15세를 칼로 시해하려다 실패한 로베르 프랑수아 다미앵이 받은 잔혹한 고문을 묘사한다. 다미앵은 1757년 3월에 처벌받기 위해 파리의 한 교회 앞으로 끌려갔고, 그곳에는 이미 수많은 구경꾼이 엄청난 구경거리를 기다리고 있었다. 형 집행인이 뜨겁게 달군 쇠집게로 다미앵의 가슴, 팔, 넓적다리의 살을 찢고 그 상처에 녹인 납과 펄펄 끓는 기름을 부었다. 그다음 말 네 마리가 다미앵의 사지를 잡아끌어 찢어야 했는데, 형 집행인이 살과 힘줄을 절단한 뒤에야 비로소 사지를 찢는 데 성공했다. 《감시와 처벌》에서는 고문 장면에 이어 곧바로 1838년경 파리 교도소의 일상이 소개된다. 5시 기상, 기도, 노동, 식사, 수업으로 수감자들의 모든 생활은 규칙으로 정해져 있고, 일출부터 저녁에 감방문이 닫힐 때까지 그들의 삶은 표준화되어 있다.[5]

언뜻 보기에 푸코가 처벌의 역사를 발전으로 또는 인간화의 역사로 설명하기 위해 두 장면을 붙여놓은 것 같지만, 그렇지 않다. 그는 오히려 처벌 제도가 더 정교하고 더 효율적이고 더 포괄적으로 바뀌었는데도 자비나 존중 또는 인간성이 증가하지 않았음을 보여주고자 했다. 국가는 불운한 다미앵의 영혼에 전혀 관심이 없었고 오로지 그를 본보기로 삼으려 한 반면, 푸코가 이름 붙인 현대 '규율 사회'는 수감자의 인격 전체를 장악하려 시도한다. "구체제에서 처벌은 국왕 살해자의 신체를 끝없이 절단하는 것에서 끝났다. 오늘날 처벌 제도의 이상은 무한한 징벌, 끝없는 질문, 점점 더 세세하고 분석적으로 변하는 감시 및 조사일 것이다."[6]

푸코는 《감시와 처벌》에서 영국 철학자 제러미 벤담의 교도소 모델인 '파놉티콘'을 묘사한다. 파놉티콘은 중앙에 감시탑이 있는 원형 건물이다. 감시탑의 감시원은 감방을 투명하게 볼 수 있지만, 수감자들은 감시원을 볼 수 없다. 그래서 수감자들은 설령 감시탑

모든 것이 담론이다 권력의 새로운 언어

에 아무도 없더라도 늘 감시받는다고 느끼며 살게 된다. "그것이 바로 파놉티콘의 주요 효과"라고 푸코는 썼다. "수감자는 의식적이고 영구적으로 감시받고, 이 상태 덕분에 권력이 자동으로 기능한다." 푸코에게 파놉티콘은 교도소 모델 그 이상이다. 파놉티콘은 학교, 공장, 병영, 병원 등에서 시민을 맘대로 조정하는 제도를 만드는 현대사회의 은유다. 푸코는 과학조차 권력관계를 굳히는 데 기여한다고 보았다.[7]

푸코의 책에서 핵심 개념은 '권력'이다. 푸코의 이론에서 권력은 개별 지배자가 가진 힘이 아니다. 권력은 독재자 또는 불운한 다미앵에게 아주 끔찍한 형벌을 내린 루이 15세의 손에 있지 않다. 권력은 사회에 내재해 있고 사회의 모세혈관을 타고 흐른다. 푸코에게 권력과 지식은 떼려야 뗄 수 없는 관계이고, 하나가 없으면 다른 하나도 없다. "다른 권력, 다른 지식." 사람들이 이성적으로 행동하고 자유롭게 살도록 격려하는 계몽주의는, 푸코가 보기에 새롭지만 보다 효과적인 지배 수단이다. 현대사회라는 파놉티콘에서 인간을 지배하는 데 봉사하는 과학이 바로 계몽주의에서 나왔다. 의회 민주주의와 시민 법치국가의 등장 역시 푸코에게는 사회적 진보가 아니라 새로운 권력 형성이다. "실질적이고 신체 중심적인 규율이 형식적이고 법률적인 자유의 기초와 기반을 다졌다."[8]

푸코의 말대로 권력이 한 사람에게 돌아갈 수 없다면, 권력이 왕이나 특정 계급 또는 선출된 대통령에게 있지 않다면, 권력은 도대체 어디에 있을까? 여느 포스트모던 사상가들과 마찬가지로 푸코에게도 권력은 언어와 밀접한 관련이 있다. 푸코에게 진리와 지식은 담론 밖에 있지 않은, 담론의 산물이다. 푸코의 말을 빌리면, 담론은 단순히 권력을 반영하지 않는다. "담론은 사람들이 싸우는 목적이자 수단이고 사람들이 장악하고자 애쓰는 힘이다." 그러므로 권력을 비판하는 푸코의 도구는 결과적으로 담론 분석, 즉 새로운 내러티브와 그것을 표현하는 지배구조를 탐색하는 것이다.

마르쿠제와 달리 푸코는 정치적 목표를 추구하지 않았기 때문에, 그의 담론 분석에는 기이하게도 목적이 없다는 비판을 받았다. 푸코를 날카롭게 비판한 위르겐 하버마스는 이를 아주 명확히 표현했다. "푸코의 이탈에 담긴 유일한 정당성은 그가 인본주의 담론에 개입하지 않고 덫을 놓는다는 사실뿐이다. 그러나 그것이 단지 교활한 싸움과의 대결, 대항력 동원에 관한 것이라면, 도대체 왜 우리가 현대사회의 혈관을 타고 흐르는 권력에 순응하지 않고 저항해야 하는지 의문이 생긴다."[9]

푸코는 1984년에 사망했지만 그의 책은 그 후에도 오래도록 효력을 발휘했다. 푸코의 사상에는 민주주의의 모든 기본 원칙에 의문을 제기하는 새로운 급진적 세계관이 깔려 있다. 예를 들어 '1인 1표' 원칙이 억압받는 민중에게 주는 진정제에 불과한 건 아닐까? 표현의 자유가 실상은 소외된 집단을 침묵시키기 위한 매우 효과적인 수단은 아닐까? 모두가 법 앞에 평등하다는 원칙은 결국 권력자들의 현상 유지를 보장해주는 건 아닐까? 그러나 포스트모더니즘 이론을 바탕으로 정치 영역을 넘어서는 질문도 제기된다. 만약 광기와 이성이 사회적 합의에 지나지 않는다면, 예를 들어 생물학적

모든 것이 담론이다 권력의 새로운 언어

성별이 두 개라는 강력한 명제 역시 신화에 불과하다고 봐야 타당하지 않을까?

1980년대 미국에서 학자들은 권력 및 담론을 포스트모더니즘 방법으로 분석하기 시작했고 동시에 정책 방향을 제시했다. 마르크스의 말을 빌리면, 이제는 세계를 해석하는 것에 그치지 않고 세계를 바꿔야 했다. 이런 요구는 합당했다. 거의 모든 서방국가에서 한때 억압받았던 집단이 적어도 형식적으로는 평등해졌다. 미국은 1920년에 수정헌법 제19조로 여성의 참정권을 도입했다. 미국 의회는 1963년에 여성에게 동일 노동에 대해 동일 임금을 지급해야 하는 '동일 임금법'을 통과시켰다. 그러나 여성은 여전히 권력과 영향력에서 자주 배제되었다. 1984년에 처음으로 여성 부통령이 진지하게 고려되었다. 제럴딘 페라로는 민주당 후보 월터 먼데일의 러닝메이트로 출마했지만 로널드 레이건에 패배했다.

미국 흑인에게도 결과는 비슷하게 실망스러웠다. 물론 1960년 대 민주당 린든 존슨 정부는 언뜻 미국 민권운동의 맹렬한 승리로 보였다. 1964년 민권법은 식당이나 영화관 또는 대중교통에서 흑인 차별을 금지했다. 1965년 투표권법은 흑인의 투표를 막는 데 이용되었던 문맹 테스트를 금지했다. 그리고 1968년 공정주택법은 아프리카계 미국인의 주택 융자를 막았던 이른바 '레드라이닝 Redlining'이라는 차별적 관행을 종식시켰다.

그러나 이 모든 법으로도 미국에서 흑인이 백인보다 더 가난하게 살고 훨씬 더 자주 교도소에 갇히는 현실은 전혀 달라지지 않았다. 오늘날 미국의 전체 수감자 가운데 3분의 1 이상이 흑인인데, 미국 전체 인구에서 흑인이 차지하는 비율은 13퍼센트다. 미국에서 백인 가정의 평균 자산은 18만 8천 달러로 흑인 가정의 평균 자산보다 여덟 배 높다. 미미한 발전에 좌절한 미국 학자 한 세대 전체가 자신의 조국을 완전히 새롭게 바라보게 되었고, 강력한 활동을 수반하는 새로운 학문적 아이디어와 규율을 탄생시켰다.

1980년 1월에 《하버드 로 리뷰》에 논문이 하나 게재되었다. 이 논문의 거창한 제목은 그 효과와 노골적으로 모순되었다. 논문 제목은 〈브라운 대 교육위원회 재판과 이익-수렴 딜레마〉다. 이 논문에서 민권 변호사 데릭 벨은 다음과 같이 주장했다. 미 대법원이 흑인에게 유리하게 내린 가장 획기적인 이번 결정은 흑인에게 동등한 권리를 부여하려는 소망에서 나온 것이 아니다!

그보다는 오히려 1954년 당시에 백인 사회 다수의 관심사였기 때문에 법원이 공립학교의 인종 분리를 폐지했다고 벨은 주장했다. 소련과의 체제 경쟁 속에서 미국은 더는 노골적인 인종차별로 제3세계 국가들을 화나게 할 여유가 없었고, 워싱턴의 백인 엘리트들이 공립학교에서 국가 차원에서 시행하는 인종 분리를 폐지해야만 옛날 남부 사회에서 현대 산업사회로 전환할 수 있다고 인식했기 때문에 공립학교의 인종 분리를 폐지했다는 것이다.

벨은 이전 글들에서 백인이 흑인 차별을 반대하게 하는 힘은 도덕과 양심이 아니라 명확한 자기 이익에서 나온다는 견해를 이미 드러냈다. 그러나 16쪽 분량의 논문에 담긴 그의 모든 주장은 인종차별을 개인뿐 아니라 미국 사회와 정치제도의 본질로 보는 것 같다. 인종은 백인 지배체제를 보장하기 위한 기본 구성이므로, 결국

모든 것이 담론이다 권력의 새로운 언어

흑인이 백인 권력 카르텔의 잔혹한 반대를 뚫고 진보를 이뤄내야 한다는 주장이다.

벨은 하버드 로스쿨 최초의 흑인 교수였다. 그를 통해 하버드 엘리트 학부는 서방 사회를 근본적으로 바꿀 이론의 산실이 되었다.[10]

오늘날 아마존이나 유니레버 직원들은 상사에게 '백인 특권'을 반성하라는 요구를 받는다. 대학은 유색인종 학생을 위한 '안전한 공간'을 마련한다. 미국 건국일이 1776년 7월 4일 독립선언일이 아니라 아프리카 노예가 처음 버지니아에 도착한 1619년 8월이라는 논란이 있다. 이 주장의 주요 설계자는 벨이고, 현재 수많은 학문 분야에 침투한 '비판적 인종 이론'이라는 사고 체계가 그 시발점이다.

비판적 인종 이론은 서방세계에 영향력을 행사하며 큰 논쟁을 일으켰고, 더 나아가 주요 지정학적 갈등을 새롭게 조명하게 했다. 미국에서는 젊은 학자 세대가 '#팔레스타인인의 생명은 소중하다#palestinianlivesmatter'라는 해시태그와 함께 근동 지역 갈등을 민중을 억압하려는 식민 세력의 시도로 새롭게 해석하는 데 성공하면서, 수십 년의 초당적 이스라엘 지원도 무너지고 있다. 팔레스타인 무장단체 하마스가 이스라엘에 로켓을 쏟아부었을 때, 2021년 5월 미국 하원의원 자말 보먼이 다음과 같이 말했다. "미국의 흑인 남성인 나는, 나처럼 생긴 사람을 폭력으로 억압하기 위해 만들어진 사회에서 사는 것이 무엇을 뜻하는지 아주 정확히 이해합니다. 내 이해의 바탕은 내가 겪은 구조적 불의이고, 지금 그 일이 이스라엘과 팔레스타인에서 일어나고 있습니다."[11]

이스라엘 건국을 미국의 노예제와 동일선상에 두는 것은 오랫동안 금기였다. 그러나 비판적 인종 이론의 자극적 매력이 바로 단순성이다. 이 이론은 모든 갈등과 문제의 원인을 유색인종을 억압하는 백인의 권력 구조로 축소한다.

비판적 인종 이론은 매우 비관적 아이디어이고, 링컨이 노예 해방 선언문으로 미국 노예제의 종식을 알린 후 족히 100년이 지난 1963년 8월 28일에 워싱턴에서 유명한 연설을 한 미국 민권운동 영웅 마틴 루서 킹의 사고와 근본적으로 다르다.

킹은 기존의 권력관계를 신랄하게 비판했다. 그러나 동시에 그의 연설에는 미국 민주주의가 흑인 억압을 종식하리라는 확고한 믿음이 가득했다. 반면, 데릭 벨은 1987년에 자신의 책《그리고 우리는 구원받지 못했다 *And We Are Not Saved*》에서 평등해질 거라는 믿음은 착각이라고 썼다. "백인은 의식적으로 또는 무의식적으로 그들의 지배권을 보존하고 통제력을 유지하기 위해 그들이 가진 모든 힘을 쓸 것이기 때문이다."

비판적 인종 이론은 정의하기가 어렵고 그래서 기본적으로 아무 효력도 내지 못한다는 지적이 있는데, 이것은 사실과 가장 먼 얘기다. 이 이론의 기본서인《비판적 인종 이론》에서 두 법학자 리처드 델가도와 장 스테판치치는 이 이론의 핵심 명제와 그 이면에 있는 정신 자세를 아주 상세하게 설명한다. "점진적 발전을 강조하는 전통적 시민권 담론과는 반대로, 비판적 인종 이론은 모두가 법 앞에 평등하다는 원칙을 포함하여 법의 무게, 계몽주의의 합리주의, 자유주의 질서를 근본적으로 철저히 의심한다." 말하자면 비판적 인종 이론은 포스트모더니즘 사고를 받아들여 계몽과 민주주의의

모든 것이 담론이다 권력의 새로운 언어

가치를 권력의 또 다른 서사로, 미묘하되 어쩌면 훨씬 더 효과적인 지배 도구로 본다.[12]

비판적 인종 이론의 대변자들은 특히 미국 수정헌법 제1조에서 보장하는 표현의 자유를 비판적으로 본다. 오늘날 언어 규정을 아주 조금이라도 위반하면 미국 대학에서 즉시 시위 폭풍이 일어난다. 그 까닭을 이해하고 싶다면, 1993년에 출판되어 새로운 언어 감수성 이념을 확립하는 데 중심 텍스트가 된 《상처를 주는 말》을 읽어야 한다. 비판적 인종 이론을 대변하는 리처드 델가도와 킴벌리 크렌쇼 같은 유명인이 쓴 이 책은 미국의 법을 여전한 인종차별 사회의 도구로 해석한다. 이 책의 서문에는 다음과 같이 적혀 있다. "비판적 인종 이론은 중립성, 객관성, 다양한 피부색에 대한 맹목성, 능력주의 같은 지배적 법 원칙에 회의적임을 분명히 한다."[13]

미국에 인종차별적 법원 판결이 있었음은 논란의 여지가 없다. 가장 악명 높은 판결은 분명 대법원이 루이지애나 철도의 흑인과 백인 분리를 정당하다고 판결하여 아프리카계 미국인을 향한 조직적 차별을 합법화한 1896년 플레시 대 퍼거슨 재판이었다. 그러나 비판적 인종 이론 대변자들은 여기서 미국 법이 과거의 실수를 버리고 앞으로는 모든 시민에게 평등해야 한다는 결론을 내지 않고, 오히려 과거의 죄를 씻기 위해 새로운 편파성이 필요하다고 주장한다.

《상처를 주는 말》에서 새로운 편파성이 무엇인지 설명된다. '피해자 관점'을 바탕으로 표현의 자유를 새롭게 정의해야 한다는 것이다. 이 새로운 정의를 위해 법학 교수 마리 마츠다는 앞으로 처벌해야 할 '혐오 발언 표준 목록'을 작성했다. 그러나 마츠다의 주장에서 진짜 핵심은 모든 사람이 '혐오 발언'에서 보호받는 것이 아니라 오직 '역사적으로 억압된 집단(그러니까 미국의 경우 특히 아프리카계 미국인)'만 보호받아야 한다는 것이다.[14]

마츠다는 자신이 이런 주장을 통해 법적 진흙탕으로 들어선다는 사실을 명확히 했다. 마츠다는 자신의 제안이 1950년대처럼 마녀사냥을 불러일으킬 위험이 있다고 스스로 인정했다. 당시 수백 명의 예술가, 배우, 공무원이 공산주의 사상에 은밀히 동조했다는 이유로 직장을 잃었다. 마츠다가 묻는다. "어떻게 하면 새로운 매카시즘 시대를 소환하지 않고 인종차별적 혐오 발언 검열을 주장할 수 있을까?"

오늘날 마르크스주의는 일반적으로 거부되지 않는 반면, 열등한 인종이라는 개념은 거부된다고 마츠다는 답했다. 그러나 마츠다의 주장으로는 개념 정의가 곧 검열이 되는 문제를 해결할 수 없다. 한 가지 예를 들자면 버락 오바마는 2008년 아버지의 날에 연설했듯이 미국에서 흑인 아버지들이 평균 이상으로 빈번하게 가정을 저버린다고 지적했는데, 그에게 인종차별의 클리셰를 범했다는 비난이 쏟아진다면 그의 말은 '혐오 발언'에 해당할까?

그러나 마츠다의 차등법 확립 노력이 훨씬 더 큰 문제다. 마츠다의 주장대로라면 특권을 누리는 사람들만, 그러니까 백인 미국인만 혐오 발언으로 유죄가 될 수 있다. 물론 마츠다는 아프리카계 미국인도 인종차별적 발언과 혐오 발언을 할 수 있다고 인정하고 그 사례로 흑인 인권운동가 맬컴 엑스의 "백인 악마" 발언을 언급했다. 그러나 이런 표현은 처벌할 필요가 없다고 한다. 이 표현은 "안전한 항구"를 찾는 데 필요한 힘을 언제나 충분히 가진 사람들에게서 한 집단을 보호해주기 때문이란다. 또한 마츠다는 흑인들의 인종차별적 표현을 정당한 자기 강화 형식으로 평가했다. "과거에 핍박받는 집단에 속했던 사람의 분노와 증오에 찬 발언은 피해자의 자기 발견이고 인종차별에 응전하는 것이다."

표현의 자유가 단지 권력관계를 고착하는 데 이용된다는 생각은 여전히 좌파 학자들 사이에서 큰 인기를 누린다. 서방세계에서 가장 유명한 법학 전문지 《컬럼비아 로 리뷰》는 2018년에 〈표현의 자유가 진보적일 수 있을까?〉라는 제목의 논문을 실었다. 논문 저자는 워싱턴의 조지타운대학 교수 루이스 마이클 사이드먼이다. 그의 대답은 간단명료하다. "아니다."

사이드먼은 이 논문에서 마르쿠제와 아주 흡사한 주장을 펼쳤다. 표현의 자유는 특정 상황에서 발전에 공헌할 수 있는데, 사이드먼은 이 발전을 재산 불평등의 수정과 "인종, 국적, 성별, 계층, 성적 지향 같은 특성을 기반으로 하는 권력 구조의 폐지"로 보았다. 그러나 자본주의가 미국을 지배하는 한 이것은 환상일 뿐이라고, 사이드먼은 주장했다. "자신의 목소리를 낼 기회는 현재의 부 분배를 반영하므로 표현의 자유는 권력 서열 최상위 사람들에게 유리하다."

자신의 의견을 광범위한 청중에게 소개하는 것이 월마트에서 일하는 판매원보다 루퍼트 머독 같은 언론 거물에게 명확히 더 쉽다는 데는 의심의 여지가 없다. 다른 한편으로 인터넷이 매체 접근의 민주화를 가져왔다. 그러나 사이드먼이 한탄했듯이 담론을 더 발전된 방향으로 이끌지는 못했다. "모두가 트위터를 이용할 수 있지만, 이는 트위터가 정보와 의견으로 주관적이고 쓸모없는 늪을 만들어낸다는 뜻일 뿐이다." 표현의 자유를 비판하는 모든 좌파 비평가들처럼 사이드먼은 해결할 수 없는 딜레마에 빠진다. 좌파 비평가들은 강력한 거대 언론이 현대 담론을 결정한다고 한탄하지만, 일반 대중이 휴대전화를 들고 날것 그대로 적나라하게 표현해도 그 결과 역시 옳지 않다.

진보를 의무로 여기는 사람들이 여전히 표현의 자유를 '밝은 횃불'처럼 들고 있는 것이 답답하다고 사이드먼은 개탄했다. "진보주의자들은 다시 화상을 입기 전에 횃불을 버려야 한다." 그러나 사이드먼은 결정적 단계에서 뒷걸음쳐, 미국 헌법에서 표현의 자유를 제한하거나 더 나아가 삭제하려 애쓰지 말라고 조언했다. 물론 원칙적 이유가 아니라 실용적 이유에서다. 사이드먼은 논문 말미에, 미국 법 전통에서 표현의 자유가 너무 깊이 자리했다며 이렇게 요약했다. "헌법이 보장하는 표현의 자유 전통을 끝내려는 쓸데없는 시도로 에너지를 낭비하지 말고, 좌파는 차라리 자신의 목표를 곧장 이루려 애써야 한다."[15]

이 목표가 무엇을 뜻하는지는 몇 년 전부터, 특히 미국 대학들에서 잘 드러난다. 마츠다는 이를 위해《상처를 주는 말》에서 특히 엄격한 언어 규정을 요구했다. 마츠다의 글에는 나중에 미국 대학의 분위기를 급진적으로 변화시킬 모든 것이 반영되어 있다. 이를테면 소외계층이 특별한 보호를 받아야 한다, 정서적으로 혼란을 겪지 않도록 학생들을 보호하는 것이 대학의 임무다, 열린 논쟁

모든 것이 담론이다 권력의 새로운 언어

과 활발한 의견 교환이 학생들의 삶에 유익하기는커녕 오히려 트라우마를 남긴다, 특별한 보호를 요구하는 것 역시 학생의 권리다 등등. 당시 이런 말이 아직 유행하지는 않았지만, 공개 토론을 위험으로 선언하고 예민한 영혼을 보호하기 위해 '트리거 워닝 trigger warnings'*이 적힌 고전 문학만 읽게 하는 등 미국 대학들이 점점 더 '안전한 공간'으로 바뀌는 추세에 확실히 마츠다의 글이 일조했다.

최근에 '혐오 발언' 또는 '상처를 주는 말'의 범위가 점점 더 넓어졌다. 그동안 수많은 미국인이 언어 규정을 실제로 위반했거나 위반했다는 의심을 받아 직장을 잃었다. 허용 한계선이 너무 빠르게 바뀌어서 선의를 가진 사람들조차 거의 따라잡을 수가 없다. 2020년 12월 시카고 일리노이대학 법학 교수인 제이슨 킬본이 그랬다. 킬본은 직장 내 차별을 다루는 과제를 학생들에게 주면서 한 여성이 직장 동료에게 언어적 모욕을 당한 사례를 제시했다. 이때 킬본은 모욕적 욕설을 그대로 쓰지 않고 "n······"과 "b······"로 축약했다. 그리고 각주를 달아 이것이 "아프리카계 미국인과 여성을 지칭하는 비속어"라고 적었다.

인종차별이나 성차별적 욕설을 인용할 때 이렇게 축약하는 것은 그때까지 대다수가 동의할 수 있는 일반적인 방식이었다. 그러나 법학과 흑인대학생회는 축약된 "n······"을 보기만 하는 것도 "정신적 테러"라고 항의하며 4쪽 분량의 편지를 트위터에 올렸고, 대학은 얼마 지나지 않아 킬본의 임시 정직을 결정했다.[16]

---

*   어떤 소재나 주제가 트라우마를 유발할 수 있다고 미리 경고하는 것

이런 과잉 덕분에 미국 공화당은 비판적 인종 이론에 반대하는 '십자군 운동'을 벌이고, 비판적 인종 이론이 "국가의 심장을 찌르는 행위"라고 쉽게 욕할 수 있었다. 도널드 트럼프는 재임 기간에 "미국을 구제 불능으로 인종차별적이고 성차별적인 국가로 보는" 다양성 행사를 공공기관이 더는 개최할 수 없도록 금지하는 법령을 발표했다. 그의 후임자인 조 바이든이 취임 첫날에 이 법령을 없앴지만, 그 이후로 공화당이 집권한 십여 개 이상의 주에서 '분열 교리' 유포를 금지하는 법안을 통과시켰다. 이런 법안들은 좌파의 '취소 문화'에 반대하는 미국 보수파의 캠페인으로, 트럼프 팬들은 그들의 우상이 민주적으로 해임되었다는 사실도 당연히 반대 캠페인에 포함시켰다.

공화당의 저항이 힘을 얻은 것은 비판적 인종 이론이 추상적 개념 그 이상이 된 지 오래였기 때문이기도 하다. 비판적 인종 이론은 200개가 넘는 미국 대학에서 강의되고, 지지자들은 자신이 학자이면서 동시에 활동가라는 사실을 감추지 않는다. 학자들의 목소리를 이끄는 리처드 델가도의 말을 인용하면 "비판적 인종 이론은 사회를 이해할 뿐 아니라 또한 바꾸려고 애쓴다".[17]

비판적 인종 이론의 주류는 인종(흑인, 백인, 아시아인)이 어떻게 형성되는지를 다루는 이른바 '비판적 백인 연구'다. 비판적 백인 연구는 '흑색'이 범죄나 도덕성 결여와 연결되고 '백색'이 주로 긍정성을 띠는 이유를 분석한다. 연구의 핵심은 백인들이 누리는 특권의 규모와 이유를 밝히고 이를 대중이 의식하게 하는 방법을 찾는 것이다.

미국의 페미니스트이자 학자인 페기 매킨토시가 1988년에 엄청난 반향을 일으킨 글을 발표했다. 매킨토시는 남성과 여성의 힘의 불균형을 백인과 흑인의 관계에 적용했고, 밝은 피부색을 가진 사람들이 특권이라는 '배낭'을 가졌다는 결론에 도달했다. 매킨토시의 글에 제시된 내용이 이제는 백인의 무의식적 편견과 분노를 자각시키는 강좌나 세미나에서 표준이 되었다. 이들은 자기비판("나는 나를 억압자로, 부당하게 얻은 이익을 누리는 사람으로, 훼손된 문화의 일부로 인식하는 교육을 받지 못했다") 그리고 무엇보다 일상의 모든 측면에서 인종차별적 뉘앙스를 예민하게 지각하라고 요구한다.

매킨토시는 '백인 특권'으로 얻은 이익을 46가지 상황으로 정리하여 카탈로그처럼 작성했다. 상당히 성찰적인 분석이다. 예를 들어 42번에는 다음과 같이 썼다. "나는 어떤 활동을 계획할 때, 피부색 때문에 거부당할 우려를 단 한 번도 할 필요가 없었다." 이것은 특히 1980년 미국에서 흑인이 절대 공유할 수 없는 경험이다. 매킨토시의 카탈로그는 전체적으로 백인의 성공은 피부색 덕분에 누리는 특권이고, 흑인이 당하는 불이익은 인종차별의 결과라는 결론으로 귀결된다. 이는 결정론으로 현재 미국에서 반인종차별주의 담론의 중심 역할을 한다.[18]

의심의 여지 없이 비판적 백인 연구에는 피부색이 다른 사람들 사이의 관계를 새롭게 보게 하는 장점이 있다. 그러나 또한 백인 정체성을 씻을 수 없는 원죄로 정의하기도 한다. 저명한 학술지《미국 정신분석 학회지》가 2021년 5월에 〈백인성에 관하여〉라는 제목의 논문을 발행했다. 심리학자 도널드 모스가 이 논문을 요약하며 이렇게 썼다. "백인으로 사는 것은 우선 획득한 후 '점유하는' 악성 기생 상태로, 백인은 이것에 특화되어 있다." 모스는 강력한 정신적, "사회적, 역사적 개입"이 있어야만 이런 상태를 깰 수 있다고 주장했다. 그러나 낙담하며 덧붙였다. "장기적으로 효과를 내는 치유제는 아직까지 없었다."[19]

이 논문은 비판적 백인 연구의 번성을 보여주는 특히 극단적인 사례다. 저명한 심리학자들이 이 논문에 조롱과 당혹감이 혼합된 반응을 보였다. 그러나 이 논문은 지금도 학술지 웹사이트에서 읽을 수 있고 최근 미국에 공공연히 퍼진 생각, 즉 모든 백인은 인종차별주의자로 성장할 수밖에 없다는 기본적으로 편협한 생각만을 전달한다.

베스트셀러 작가 로빈 디앤젤로는 자신의 최신작 《선한 인종차별》에서 한 챕터 전체를 이 생각에 할애했다. 그 챕터의 제목이 "백인에 대해 일반적 진술을 해도 되는 이유"다. 여기서 디앤젤로는 '개인주의 이데올로기'에 격렬히 반대했다. 진정한 진보를 이루려면 다양성을 인정하는 개인의 관점을 철저히 버려야 한다는 것이다.[20] 그러나 백인을 통틀어 인종차별주의자로 지칭하는 것이 괜찮다면 흑인, 라틴계, 여성에 대한 고정관념을 퍼트리는 것이 왜 금기여야 한단 말인가? 이것은 디앤젤로가 해결하지 못하는 모순이고 이 모순의 뿌리는 개인이 아니라 권력관계의 산물만 중시하는 포스트모더니즘에 있다. 이 사상은 인간을 권력의 줄에 매달려 춤추는 인형으로 본다. 또는 푸코 비평가 위르겐 하버마스가 표현한 것처럼 "이런 관점에서 보면, 사회화된 개인은 담론의 표준화된 산물,

표본, 찍어낸 개별 사례로만 인식될 수 있다".[21]

디앤젤로가 중시하는 '담론'은 그녀가 미국 정체성의 핵심으로 여기는 노예제 역사다. 디앤젤로는 미국 건국일을 1776년 독립선언일로 보지 않는다. 디앤젤로는 자신의 책에서 〈뉴욕타임스〉의 "1619 프로젝트"를 미국을 이해하는 핵심 텍스트로 지목했다.[22] 최초의 흑인 대통령을 선출한 선거 후 11년이 지나 연재된 이 프로젝트 기사는 노예제를 미국의 원죄가 아니라 근본이자 존재 이유로 기술했다. 〈뉴욕타임스〉 편집장 제이크 실버스테인이 서문에 이렇게 밝혔다. "미국에만 존재하는 거의 모든 것이, 노예제와 노예제의 필수 요소인 인종차별에서 생겨났다."

그의 동료 니콜 한나 존스는 식민주의자가 영국 왕실에서 벗어난 것은 민주주의와 자기결정권의 열망 때문이 아니라 방해받지 않고 노예제를 지속하고 싶은 욕구 때문이라고 주장했다. 이 주장은 현실과 동떨어진 노골적 발언이었고, 이내 저항받았다. 프린스턴대학 역사학자 숀 윌렌츠가 《애틀랜틱》에 썼다. "노예제와 그 여파에 관해 미국인을 계몽하고자 한다면 거짓 주장, 왜곡, 중대한 누락으로는 그 목표를 이룰 수 없다."[23]

이후 〈뉴욕타임스〉는 온라인판에서 1619년이 미국의 "진짜 생일"이라는 내용을 삭제했다. 그리고 "일부 식민주의자만이 노예제 유지를 위해 독립전쟁을 치렀다"고 정정했다. 그러나 이념에 봉사하도록 역사를 왜곡하려는 노골적 시도는 기이하게도 이 연재 기사의 명성을 거의 훼손하지 않았다. 이 연재 기사에 수여된 퓰리처상 역시 철회되지 않았고, 그래서 여전히 미국 학교에서 수업 시간에 다뤄진다. 자유주의적 개인주의에 대한 깊은 회의론은 법학자 킴벌리 크렌쇼가 1980년대 말에 개발한 '교차성' 이론의 근저에도 깔려 있다. 크렌쇼는 나중에 〈소외계층 지도 작성: 교차성, 정체성 정치, 유색인종 여성에 대한 폭력〉이라는 논문에서 이 이론을 계속 확장했다.[24]

독일에서 국회의원 선거가 한창일 때, 사회민주당 총리 후보자 올라프 숄츠가 트위터에 자신이 '교차적 페미니스트'라고 고백했다. 마트 계산원도 이해하는 용어 사용을 중요하게 여기는 정당이 쓰기에는 전혀 적절하지 않은 용어를 총리 후보자가 썼다는 사실에서, 크렌쇼의 교차성 이론이 얼마나 강력해졌는지를 감지할 수 있으리라.[25]

크렌쇼가 말하는 교차성은 다양한 차원의 차별이 있음을 의미한다. 직장에서 한 여성이 남성보다 연봉이 낮을 수 있다. 만약 이 여성이 흑인이라면 어떻게 될까? 레즈비언이라면? 또는 장애인이라면? 크렌쇼의 사상은 한마디로, 다양한 차원의 차별이 서로 교차하고 강화할 수 있다는 것이다. 교차성은 기본적으로 사회적 차별 구조에 내재하는 계급을 보여주는 안경과도 같다. 예를 들어 백인 이성애자 남성은 백인 동성애자 남성보다 특권이 더 많다. 동성애자 백인 남성은 동성애자 흑인 남성보다 특권이 더 많다. 이런 식으로 목록은 끝없이 이어지고 세분화될 수 있다.

크렌쇼는 "정체성 정치의 포기는 정치적 권력 도구를 섣불리 버리는 것이고, 정체성 정치는 사회적 권력 강화의 원천"이라고 썼다. 크렌쇼는 피부색으로 자신을 정의하는 사람("나는 흑인이다")

과 그것을 도외시하는 사람("나는 우연히 흑인이 된 사람이다")을 구별하는데, 두 입장 모두 나름의 정당성이 있지만 정치적 변화는 전자를 통해서만 이룰 수 있다고 주장했다. "역사적으로 이 지점에서, 권리를 빼앗긴 집단에게 가장 중요한 정치적 저항 전략은 자신의 사회적 지위를 버리고 파괴하는 대신 점유하고 방어하는 것이어야 한다." 크렌쇼의 아이디어에서 획기적이고 혁명적인 부분은 이것이 완전히 새로운 형식의 정치적 행동주의의 기반을 놓는다는 점이다. 전통적 민권운동의 관심사가 평등(모든 사람이 똑같은 권리를 누리는 소망)이었던 반면, 교차성 이론은 차별의 역전을 역설한다. 이것은 피억압자가 그들의 억압자에 대항하여 취할 수 있는 특별 요구의 원천이 되었다.[26]

크렌쇼는 특히 페미니스트들 사이에서 20세기에 가장 영향력 있는 이론가로 통한다. 그러나 크렌쇼의 이론은 오늘날 전체 진보 진영의 분열을 야기하는 다툼의 씨앗도 뿌렸다. 차별에도 서열이 있다면 피해자들끼리 서로 경쟁해야 하기 때문이다. 히잡을 쓴 무슬림 이민자가 출근길에 인종차별적 욕설을 듣는다면, 고학력 백인 여성이 부당한 연봉에 항의할 권리가 있을까? 트랜스젠더 여성이 성 정체성에 맞게 살아갈 아주 기본적인 권리조차 거부당했다고 주장한다면, 이성애자 여성이 성차별적 발언에 대해 거리 시위를 해도 될까?

2020년 4월에 좌파 성향 일간지 〈타츠〉가 새로운 편집장 세 명을 소개했다. 모두 여성이었다. 그 직후에 작가 헨가메 야그후비파라가 〈타츠〉의 한 칼럼에서 경찰을 "쓰레기"라 부르며 매립지로 보내자고 썼고, 교차성 담론의 모든 허점을 보여주는 논쟁이 벌어졌다.[27] 일부 편집자들이 이주민 출신 작가의 차별 경험을 거론하며 작가의 거친 표현을 변명하는 동시에, 〈타츠〉의 백인 작가들이 과연 이 칼럼을 비판적으로 논평할 권리가 있는지 의문을 제기했다. 〈타츠〉 대표 알리네 륄만은 모든 '백인 특권층'이 이 칼럼에 침묵하기를 야그후비파라는 원할 것이라고 트위터에 밝히고, '백인 특권층'으로서 그 자신은 신중하게 칼럼과 거리를 두었다. 륄만은 여전히 진보의 선봉으로 통하던 편집장도 염두에 두고 트위터에 이런 글을 올렸다. 이제 백인 고학력 여성인 편집장은 갑자기 뒤로 물러나 있어야 했다. 피해자 서열에서 백인 고학력 여성은 백인 남성 노인 바로 위에 위치했기 때문이다.[28]

교차성 이론은 오늘날 여성운동을 깊이 분열시킨 전투에 총알을 공급했다. 교차 페미니스트가 보기에 미국의 베티 프리단이나 독일의 알리체 슈바르처 같은 여성 인권 운동가들은 가부장제에 맞선 선구자가 아니라 백인 여성 특권층의 무지한 옹호자다. 뉴저지의 러트거스대학의 젠더 연구 교수 카일라 슐러는 자신의 책 《백인 여성의 문제》에서 20세기를 대표하는 백인 페미니스트를 무자비하게 비난했다. "백인 페미니즘은 가장 많이 억압받은 사람들의 것을 빼앗는 방식으로 백인 여성의 권리와 기회를 끊임없이 확장한다. 백인 페미니즘은 지구 생태계를 붕괴 직전까지 몰고 온 시스템을 여성이 장악하게 하려고 시도한다. (…) 백인 페미니스트는 흑인 남성의 투표권을 부정하는 데 기여했다. 백인 페미니즘은 해방을 가장한 절도다."[29]

모든 것이 담론이다 권력의 새로운 언어

크렌쇼는 자신의 이론이 진보 진영에 전쟁을 일으킬 위험이 있다는 점을 알고 있었다. 그래서 일찍부터 차별 피해자들에게 서로 상처 주지 말고 연합하라고 호소했다. 슐러의 책은 이런 호소가 헛된 소망으로 남았다는 사실을 보여주는 좋은 사례다. 교차성 이론은 세계적 분열의 토대가 되었다. 현재를 분석하기 위해 고안된 도구가 다른 의견을 가진 사람을 솎아내도록 허용하는 이념의 원동력이 되었다. 히잡을 억압의 상징으로 여기는 백인 페미니스트는 물론이고, 흑인 자본가도 솎아진다. 낙태를 죄로 여기는 히스패닉 가톨릭 신자 그리고 흑인 대학생의 이익을 위해 아시아 대학생을 차별해서는 안 된다고 여기는 교수도 의심의 눈초리를 받는다. 결국, 교차 페미니즘 진영에는 비록 화형에 처해지진 않지만 분명 소셜미디어에서 비난을 받는 이단자들만 남는다.

도리언 애벗

소수자의 테러

도리언 애벗은 모든 걸 예상했다. 딱 하나만 빼고. 시위는 지구물리학 교수 도리언 애벗을 비켜 가지 않았다. "실망스러운 결정이고 애벗 같은 사람이 그런 영예를 누리는 것이 놀라울 따름"이라고, 동료 교수와 학생들이 트위터에 썼다. 존 칼슨 강연은 미국 자연과학 분야에서 큰 영예에 속한다. 이 강연은 매년 매사추세츠공과대학MIT의 초대로 이루어지고 탁월한 연구자들이 대규모 청중 앞에서 자신의 지식을 발표한다. 도리언 애벗은 인터넷의 시끄러운 반응에 크게 신경 쓰지 않았다.

줌 인터뷰에서 애벗이 내게 말했다. "사람들이 트위터로 헛소리를 퍼트린다고 생각하고 대수롭지 않게 여겼어요. 그런 일에 진지하게 신경 쓸 사람이 어디 있겠습니까?" 세계에서 아마도 가장 유명한 공과대학인 MIT가 몇몇 악의적 트윗에 겁을 먹을 이유가 뭐란 말인가? 정치적 발언을 이유로 초대를 철회할 생각을 왜 하겠나? 애벗은 자기 분야에서 인정받는 전문가이고 물리학을 전공한 후 하버드대학에서 응용수학 박사학위를 받았다. 시카고대학에서 교수로 재직하면서는 구름 및 토네이도의 생성과 기후변화를 중점적으로 연구했다.

애벗은 칼슨 강연에 초대된 역대 학자들 가운데 가장 젊었다. 원래는 2020년에 강연하기로 했지만 코로나가 터졌다. 그리고 2021년 여름에 다시 초대되었다. 그러므로 2021년 9월 말에 MIT 지구과학연구소 소장 로베르트 반 데르 힐스트가 연락했을 때, 애벗은 별다른 생각을 하지 않았다. 힐스트 소장이 격려의 말을 하고 너무 걱정하지 말라고 응원하려나 보다 생각했다고 한다. 애벗이 그때를 상기하며 말했다. "하지만 예상과 달리 그는 칼슨 강연 초대를 취소해야겠다고 말했어요. 벼락을 맞은 기분이었죠. MIT가 그런 결정을 내릴 거라고는 꿈에도 생각하지 않았으니까요." 힐스트 소장은 애벗에게 논란에 휩싸이고 싶지 않다는 뜻을 모호하게 전달했다. 그리고 취소 사유를 공식적으로는 다음과 같이 밝혔다. "표현의 자유 이외에도 우리에게는 우리와 맞는 연설자를 선별할 자유가 있습니다. 단어에는 의미가 있고 그래서 결과도 있습니다."[1]

도대체 무슨 일이 있었던 걸까? 왜 애벗이 갑자기 MIT와 "안 맞는 사람"이 되었을까? 어떤 단어가 무슨 의미였기에 그렇게 극단적인 결과를 낳았을까? 애벗의 과학 작업에 오류는 없었다. 그는 기후변화를 부정하는 사람도 아니다. 오히려 그 반대다. 2021년 3월에 애벗은 한 칼럼에서, 특히 보수주의자들이 기후 보호에 적극적으로 동참해야 한다고 주장하기도 했다. "기온이 1.5도 상승하면 농업과 물 공급에 엄청난 변화가 생기고 해안 지역이 물에 잠길 것이다. 그런 일이 일어나지 않도록 막는 데는 좋은 보수주의적 근거

도리언 애벗 소수자의 테러

들이 있다."[2]

애벗에게 재앙을 안긴 것은 모든 학생을 똑같이 대해야 한다는 의견에 그가 찬성하는 영상이었다. 2020년 11월에 그는 유튜브에 영상을 올렸고, 시카고대학에서 특히 아시아 학생이 체계적으로 불이익을 당하는 것 같다고 지적했다. 그는 지원자들이 남성이라는 이유로 탈락한 선발 과정을 언급했다. 그리고 지원자를 오로지 "학자로서 얼마나 유망한가"만 따져 선발해야 한다고 호소했다.

이 영상이 공개된 뒤 애벗의 학부에서 서명운동이 일었다. "애벗 교수의 영상은 학부에서 소수자에 속하는 모든 학생의 안전과 소속감을 위협한다⋯⋯." 성명서 뒤에는 11개 요구 항목이 첨부되어 있었다. 애벗에게서 학생들을 "보호해야" 하고, 학생들은 애벗의 수업을 거부할 권리가 있다! 학교 당국은 애벗의 발언과 거리를 두고 "편협한 태도"를 처벌하는 제도를 마련하라! 두 쪽 분량의 성명서는 "2020년 12월 11일 금요일 17시까지 상세한 답을 하라"는 최후통첩으로 끝난다.

애벗을 불신임한다는 공개 선언인 이 성명서에 150명이 넘는 대학생과 일부 외부 동료들이 서명했다. 그러나 처음에는 아무 효과를 내지 못했다. 시카고대학에는 표현의 자유를 보장하는 오랜 전통이 있다. 당시 총장 로버트 짐머는 애벗의 이름을 거론하지 않은 채 다음과 같이 설명했다. "우리는 대학이 새로운 아이디어뿐 아니라 논란이 되는 아이디어도 자유롭게 제안하고 점검하고 논쟁할 수 있는 중요한 장소라고 믿는다." 그것으로 사건이 종결되었다. 적어도 한동안은.[3]

2021년 8월에 애벗은 스탠퍼드대학 교수 이반 마리노비치와 함께 《뉴스위크》에 비평을 쓰면서 미국 대학의 이른바 'DEI' 프로그램을 비판했다. 'DEI'는 'Diversity(다양성), Equity(형평성), Inclusion(포용성)'을 뜻한다. 애벗과 마리노비치는 주로 '평등'으로 오인되는 것 같은 '형평성' 개념에 특히 불쾌감을 드러냈다. 두 사람은 형평성이 결코 공정하고 평등한 대우를 의미하지 않는다고 주장했다. "DEI는 일부 집단을 다른 집단과 차별하여 대표성을 높이려고 시도한다. 그러므로 이 프로그램은 비윤리적이고 평등원칙을 위반하는 것이다. 한 대학의 지적 분위기는 가장 재능 있고 가장 잘 교육받은 인재들을 뽑으려는 대학의 노력에 크게 좌우된다. 이 원칙에서 벗어나는 모든 행위는 학문적 우수성을 훼손하는 것이다."[4]

이 발언으로 애벗을 둘러싼 논란이 재점화되었다. "문제가 있는" 관점을 지지하는 학자에게 과연 권위 있는 칼슨 강연을 맡겨도 되는지 부디 신중하게 숙고해야 한다고 텍사스대학의 지구물리학 동료가 트위터에 썼다. 그는 애벗보다 정치적 색채가 덜한 다른 여러 동료를 추천했다. 9월 중순에 칼슨 강연 일정이 다시 발표되었을 때, 트위터에서 시위가 벌어졌고 결국 애벗의 초대가 취소되었다.

미국 대학에서 소수자 특별 지원을 둘러싼 논쟁은 어제오늘의 일이 아니다. 이른바 '적극적 우대 조치Affirmative Action' 지지자들은 노예제 잔재와 여전히 만연한 인종차별을 감안하여, 예를 들어 특히 인기가 높은 대학의 입학생 선발에서 소수자에게 유리한 출발점을 제공해야 한다고 주장한다. 그러나 대다수 미국인은 이런 주장을 거부한다. 퓨연구소의 설문조사에서 73퍼센트가 인종은 대입 선발에서 아무 역할도 해서는 안 된다고 명확히 답했다.[5] 2020년 11월의 미국 국민투표에서 가장 진보적인 캘리포니아는 교육 시스템에서 특정 인종 집단에 특혜를 주면 안 된다는 쪽에 과반수가 투표했다.

그러니까 적극적 우대 조치에 대한 애벗의 입장은 결코 급진적 소수 의견이 아니다. 게다가 그의 정치색은 과학자라는 그의 직업과 전혀 무관하다. 그는 분명 칼슨 강연에서 어떤 먼 행성에 생명체가 있을지를 다뤘으리라. 그렇기 때문에 나는 이 사건을 매우 위험하게 본다. 애벗은 미국인 3분의 2 이상이 공유하는 입장을 취했다는 이유로 과학자로서 처벌을 받았다. 어째서 그렇게 많은 미국 시민이 더는 자신의 의견을 공개적으로 말할 수 없다고 느끼는지 궁금한가? 애벗 사건이 명확히 답해준다.

도리언 애벗은 사회 대다수와 같은 의견을 가진 보수 성향의 사람이다. 적극적 우대 조치는 1960~1970년대라면 완전히 정당했을 테지만, 오늘날에는 권리를 박탈당한 적이 없는 사람들이 적극적 우대 조치의 특혜를 누리고 동시에 그 조치가 새로운 차별의 구실을 제공한다고 그는 말했다.

애벗은 동료들에게 다음과 같은 말을 들었다고 한다. "우리는 더 많은 아시아인이 아니라 더 많은 다양성이 필요합니다." 그의 학부에 교수 자리 하나가 비었을 때, 임용 공고에는 피부색이나 성별을 따지지 않는다고 명시되었다. "그런데 학장이 우리에게 뭐라고 말했는지 아세요? '자유롭게 선발하세요! 누구나 지원할 수 있습니다. 하지만 나라면 오로지 여성이나 소수자만을 받을 겁니다.' 이건

부당함 그 이상이에요. 자격만을 보지 않고 자동으로 정치화되는 모든 선발 과정 역시 문제입니다. 그러면 누가 최고의 자격을 갖췄느냐는 중시되지 않아요. 여성이 나을까, 아니면 차라리 라틴계가 나을까만 따지게 됩니다."

애벗도 말했듯이, 물론 다른 사람들은 이 일을 애벗과 다르게 볼 수 있다. 애벗은 진실 독점권을 주장하지 않는다. 그러나 어쩌다 과학자가 자신의 정치적 견해 때문에 견책을 당하는 지경까지 왔는지 그는 이해할 수가 없다고 한다. "이곳 시카고대학에는 자기가 공산주의자라고 공공연히 말하는 교수들이 있어요. 마르크스 사진을 자신의 웹사이트 배경 화면으로 사용하는 사람도 있고요. (…) 하지만 나는 그 사람이 비윤리적 정치 견해를 가진 것 같으니 그의 과학 작업을 취소해야 한다고 절대 말하지 않을 겁니다."

결과적으로 애벗이 피해를 본 것은 없다고 주장할 수도 있다. 칼슨 강연이 취소된 바로 그날, 애벗은 보수 성향의 교수에게 초대받아 프린스턴대학에서 강연했기 때문이다. 애벗은 직장을 잃을 걱정을 하지 않아도 되었고, 자신을 둘러싼 논란을 이용해 오히려 언론의 주목을 받을 수 있었다. 그는 CNN과 폭스뉴스에서 인터뷰를 했고, 뉴스레터 플랫폼 서브스택에서 저널리스트 바리 웨이스의 인기 채널을 통해 자기 얘기를 밝혔고, 《월스트리트저널》에 글을 기고했고, 〈뉴욕타임스〉의 기자를 통해 자신을 상세히 알렸다. MIT가 애벗에게 내부 세미나를 열 수 있게 자리를 마련했다. 분명 칼슨 강연 취소를 무마하기 위해서였으리라.[6]

"원한을 품고 싶진 않아요." 그러나 내부 세미나를 여는 것과 권위 있는 강연을 하는 건 절대 같지 않다고 애벗이 강조했다.

"과학 분야의 영예와 인정이 트위터 폭도에 좌우되는 것을 우리는 그냥 묵과할 수 없어요." 그리고 실제로 애벗을 향한 공격은 자연과학 분야에서도 발언 허용 범위를 더 좁히고, 논쟁에서는 주장의 질만 중요하다는 견해와 작별하려는 시도였다.

애벗 사건에 관한 〈뉴욕타임스〉 인터뷰에서 피비 코헨이 말했다. "엄격한 지적 토론이 지성의 정점이라는 견해는 백인 남성이 지배하는 세계에서 왔습니다." 코헨은 매사추세츠 소재 윌리엄스 칼리지의 지구과학 교수다. 이 발언은 수백 년 동안 과학 진보를 보장해온 방법, 즉 더 나은 주장을 겨루는 공개적이고 논쟁적인 토론을 거부하는 것처럼 들린다.

대학 문화

침묵 수도원이 된 대학

유럽중앙은행 총재 크리스틴 라가르드는 2014년 봄에 매사추세츠에 있는 스미스대학 졸업식 초청 연사로 선정되었다. 언뜻 보기에 완벽한 선택이었다. 스미스대학은 미국에서 최고로 꼽히는 여자대학이다. 미국에서 가장 영향력 있는 페미니스트 베티 프리단이 150년 역사를 자랑하는 이 대학을 졸업했다. 스미스대학 졸업생은 의심의 여지 없이 엘리트 미국인에 속한다. 그 이유는 무엇보다 현재 학비가 1년에 대략 5만 6천 달러에 달하기 때문이다. 이 대학에서 공부하려면 경제력이 있어야 한다.

라가르드는 2014년에 이미 페미니즘의 아이콘이었다. 프랑스 북부 도시 르아브르 출신 여성으로 우선 미국 로펌의 남성 세계에서 경력을 쌓았고, 그다음 정계에 진출했다. 2011년에 같은 프랑스 출신인 도미니크 스트로스 칸이 성폭행 혐의로 비난받았을 때, 라가르드는 여성 최초로 국제통화기금IMF 총재로 선출되었다. 그러나 라가르드의 연사 초청이 발표되자마자 스미스대학 학생들이 연설을 막기 위해 온라인 청원을 시작했다.

학생들은 라가르드 개인의 업적은 인정하지만, "부패한 시스템 안에서 좋은 사람"일 뿐이라는 점은 외면할 수 없다고 썼다. "IMF 는 몇몇 최빈국에서 시행된 실패한 개발 정책의 주범이었다. 그 결과 전 세계적으로 여성을 학대하고 억압하는 제국주의 가부장적 시스템이 강화되었다. 우리는 스미스대학에서 불의에 맞서는 법을 배웠다. 그리고 우리를 지지하지 않는 시스템이 우리를 대변하는 것을 우리는 원치 않는다."[1] 결국 라가르드는 연설 수락을 취소했다. 그녀는 학생들이 자신을 어떻게 맞이할지 분명히 알았을 터다.

학생들의 시위로 연사가 연설을 취소하는 것이 처음 있는 일은 아니었다. 그 이전 해에도 전 세계은행 총재 로버트 졸릭이 펜실베이니아에 있는 스와스모어 칼리지의 연설 초청을 거절했다. 그러나 2014년경부터 개별 사례들이 대중의 동조까지 얻게 된 새로운 형식의 시위로, 정치 운동으로 바뀌었다. 미국 전역에서 대학생들이 자기들이 보기에 잘못되었거나 다르거나 그냥 맘에 들지 않는 정치적 견해를 가진 초청 연사들을 거부하거나 더 나아가 조직적 분노를 표출하여 연사가 단상에 서지 못하게 막기 시작했다. 흑인 여성 최초로 외무장관이 된 콘돌리자 라이스는 러트거스대학 연사로 초청받았지만, 학생들이 이라크 전쟁에서 그녀가 한 역할을 지적하며 분노했기 때문에 강단에 설 수 없었다. 같은 해 브랜다이스대학은 보수주의 여성 인권 운동가 아얀 히르시 알리에게 명예 박사학위를 수여하려 했지만, 학생들이 인터넷에서 반대 여론을 만들어 결국 계획을 철회했다. 초청 연설 취소 사례가 너무나 많아서 '초청 취소 시즌'이라는 말까지 생겨났다.[2]

놀라운 변화였다. 하필이면 생각과 의견의 자유로운 교환을 근본으로 여겼던 미국 대학들이 반대파의 입을 막으려는 정치적 행동주의의 시험장이 되었다. 학생들은 더 나은 주장을 펼치려 애쓰는 대신 자신의 세계관 강화에 몰두했고, 대안을 제시하려는 시도를 자신의 정서적 안정과 안전을 공격하는 것으로 받아들였다. 정신적 방공호에 머무는 사고방식은 현재 독일에서도 점점 퍼지고 있다.

미국 대학은 수십 년 넘게 표현의 자유 전통을 자랑으로 여겼다. 1960년대에 표현의 자유를 요구한 주인공이 바로 좌파 대학생들이었다. 버클리 캘리포니아대학은 자유로운 발언의 힘이 사회를 바꾼다고 믿었던 '자유언론운동 Free Speech Movement'의 중심지였다.

미국에서 표현의 자유는 언제나 진보를 위한 무기이기도 했다. 1920년에 여성참정권 도입의 토대를 마련한 것은 여성 선거권론자들의 저항이었다. 민권운동가들의 대규모 시위가 없었더라면, 미국에서 인종 분리를 금지한 1964년의 민권법은 존재할 수 없었을 터다. 1970년대에 미국이 베트남에서 철수한 것 역시 젊은 학자들이 거리로 나와 정글에서 벌어지는 잔혹한 전쟁을 반대했기 때문이었다. 국가가 동성애자를 이등 시민으로 낙인찍어선 안 된다는 주장으로, 그들은 동성혼 권리를 쟁취했다. 따라서 좌파 대학생들이 검열과 위협을 정치적 무기로 삼고, 지금까지 주로 우파 정치가들이 사용한 방법을 쓰는 것은 새로운 변화다.

미국에서 표현의 자유는 광범위하게 보호받는다. 표현의 자유는 수정헌법 제1조에 명시되어 있고, 대법원은 지난 수십 년 동안 표현의 자유를 억제하려는 모든 시도를 방어했다. 아무리 부적절한 발언이라 하더라도 국가가 특정 견해를 금지하는 것은 미국의 법 이해에서 있을 수 없는 일이었다. 유럽과 마찬가지로 미국에서도 홀로코스트 부정은 이해받기 힘든 주장이지만, 독일에서처럼 범죄로 처벌하려는 진지한 시도는 지금까지 없었다. 비난받아 마땅한 견해라도 국가가 억압해서는 안 된다는 생각이 미국의 자기 이해에 깊이 뿌리 박혀 있었다.

그러나 대학의 새로운 시대정신은 보수적인 학자의 연설도 위협할 수 있다고 말한다. 2017년 3월에 정치학자 찰스 머레이는 뉴잉글랜드의 미들버리 칼리지에서 연설할 예정이었다. 찰스 머레이는 의심의 여지가 없는 논란의 인물이었다. 그의 대표작은《벨 커브 *The Bell Curve*》인데, 1990년대 중반에 출간된 이 책은 인종에 따라 (유전적으로) 지능 차이가 존재한다고 주장했다. 당연히 이 책은 신랄한 비판을 받았다. 그러나 머레이는 연설에서《벨 커브》가 아니라 2012년 작《커밍 어파트 *Coming Apart*》를 토대로 2016년 11월 트럼프 당선의 주요 원인인 미국의 사회적 분열을 설명하기로 되어 있었다.《커밍 어파트》는 진보 성향 매체에서도 큰 관심을 받은 책이다. 〈뉴욕타임스〉 칼럼니스트 데이비드 브룩스는 머레이가 미국 사회의 변화를 아주 정확히 이해했다고 찬사를 보냈다.[3]

머레이가 미들버리 칼리지에 도착했을 때, 그를 맞이한 것은 "인종차별주의자, 성차별주의자, 안티 게이, 찰스 머레이 꺼져!"[4] 같은 슬로건이었다. 저항이 너무 거세어, 정치학 교수 앨리슨 스탠저가 머레이를 다른 강당으로 안내했다. 거기서 라이브 방송으로 연설하려 했지만 학생들이 화재경보를 울려 연설을 중단시켰다. 행사 뒤에 머레이와 스탠저가 저녁 식사를 위해 길을 나섰을 때, 가면을 쓴 분노한 시위대가 그들을 위협했다. 시위대는 교수의 머리카락을 당기며 이리저리 밀쳤고 손님을 만찬장으로 데려갈 자동차의 보닛에 올라갔다. 그날 저녁 스탠저는 병원으로 옮겨졌고 나중에 알려졌듯이 뇌진탕을 진단받았다. "나는 생명의 위협을 받았습니다."

미들버리 칼리지에서 일어난 폭동은 더 상세히 검토할 필요가 있다. 현재 많은 미국 대학을 분열시키는 갈등을 정확히 보여주기 때문이다. 머레이 사태 며칠 후, 미들버리 칼리지 교수 십여 명이 공동으로 호소문을 발표했다. 그들은 머레이가 대학에서 맞닥뜨린 편협성이 확산하면 열린 논쟁과 학문 작업이 불가능해질 거라고 경고했다. 스탠저는 〈뉴욕타임스〉 기고에서 한 발 더 나아갔다. 미국인이 서로 예의를 지키는 법을 배우는 것이 민주주의의 운명을 좌우할 것이라고 썼다. 스탠저가 말한 미국인이란 틀림없이 그녀가 가르치는 학생들이었다.[5]

그러나 학생들은 전혀 깨닫지 못했다. 그 반대였다. 그들은 공개서한을 통해 열린 논쟁을 거부했고, 백 명이 훨씬 넘는 학생이 여기에 서명했다. 그들은 "경험과 감정" 역시 세계를 탐구하는 방법이고, "대학에서 종종 발견되는 합리적이고 이성적인 견해라는 헤게모니는 학생의 공동 창의성, 건강, 가능성을 제한한다"고 썼다.

학생들은 이 공개서한에서 비록 폭력을 비판했지만 다른 한편으로 이런 특수 사건에서 왜 그들이 정당한지를 주장하는 데 모든 힘을 썼다. 그들은 언어도 폭력일 수 있다고 썼다. "단어는 힘이 세다.” 미국 대학에서 인종차별적 공격이 전반적으로 증가했다고 고발했다. “소외된 학생들과 그들의 동맹에게 편협함에 저항하지 말라는 요구는 이중 잣대다.” 장황한 주장 끝에, 폭도의 공격은 갑자기 맹목적 폭력이 아니라 뿌리 깊은 인종차별적 사회와 학계의 공범자들에 맞서는 정당방위 활동이 되었다.[6]

이런 기이한 반전이 일어난 것은 미들버리 칼리지만이 아니었다. 미국의 수많은 대학에서 학생들이 자기들의 세계관과 맞지 않는 견해를 격하게 공격하는 동시에, 정신적 안정을 위협받지 않게 자기들을 보호해달라고 요구했다. 일부 진보적 대학에서 학생들은 트럼프의 선거 슬로건에서 보호받을 수 있는 “안전한 공간”을 마련해달라고 요구했다. 오하이오의 오벌린 칼리지에서는 한 연극학 교수가 학생에게 주말까지 동영상 작업을 마칠 수 있는지를 다소 날카로운 어조로 질문했다는 이유로 공개 조사를 받아야 했다. 교수의 질문을 받은 이 학생이 대학 당국에 이 사실을 고발하고, 자신이 모욕을 느꼈고 “안전하지 못하다”고 선언했기 때문이다.[7]

2018년에 출간된 《나쁜 교육》에서 법학자 그레그 루키아노프와 사회심리학자 조너선 하이트는 이런 새로운 예민함의 책임을 겁쟁이 부모에게 돌렸다. 1980년생 이후 아이들은 이전 세대보다 확실히 더 많은 감독을 받으며 자랐고, 감독하는 눈 없이 자유롭게 놀고 가끔은 위험도 무릅쓸 기회를 갖지 못했다는 것이다. 두 저자는 자식에게서 모든 위험을 멀리 떨어트려놓는 것을 자신의 의무로 여기고, 자식이 고등학교 졸업 후 명문 대학에 합격하지 못할까 두려워 어렸을 때부터 숙제, 스포츠, 사회 활동으로 구성된 최적의 스펙

코르셋을 아이들에게 입힌 편집증적 부모를 탓했다.[8]

미국에서 몇 년을 지내본 사람이라면 이런 관찰이 허튼소리가 아님을 안다. 우리는 교통 상황이 분데스리가 경기장을 연상시키는 워싱턴의 초등학교 근처에 산다. 매일 아침 학생 수백 명이 승용차로 등교한다. 가이드의 안내에 따라 부모는 특별 지정 구역으로 이동하고, 그곳에서 교직원의 감독 아래 학생들이 차에서 내려 학교 건물로 들어간다. 아이들을 자전거로 또는 걸어서 혼자 학교에 가게 하는 대담한 부모는 많지 않다. 아홉 살 아들이 혼자 뉴욕 지하철을 타게 했다는 이유로 분노의 폭풍을 마주한 전직 기자가 '자유 방목 아이들Free-Range Kids'이라는 반대 운동을 이끌 정도로, 자식 보호와 감독은 그 규모가 커졌다.

그러나 미국 대학의 히스테리적 예민함을 오로지 새로운 세대의 심리적 성향 탓으로 돌리는 것은 순진한 태도다. 만약 감정이 주장을 대체하면 감정은 거대한 효과를 내는 정치적 무기가 된다. 주장은 반박할 수 있지만 감정은 절대적이기 때문이다. 공개적으로 또는 소셜미디어에서 비난받는다면 그 사람은 감수성이 예민하지 못하거나 더 나아가 위장한 인종차별주의자로 의심받는다. 동시에 넘지 말아야 할 선의 높이가 최근에 특히 '미세공격microaggression'이라는 개념과 함께 체계적으로 하향되었다.

이 개념은 독일에도 들어왔고, 따라서 2007년에 《아메리칸 사이콜로지스트》에 게재된 논문에서 상세하게 다룬 정치적 차원을 살필 필요가 있다. 이 논문은 미세공격을 미국 소수자의 생명을 위협하고 1960년대에 뿌리를 둔 전염병으로 묘사한다. 뉴욕의 컬럼비아대학 심리학 교수 데럴드 윙 수가 바로 이 논문의 공동 저자 중한 명이다. 논문은 1960년대의 민권운동으로 노골적이고 거친 인종차별은 뒤로 물러났지만, 그 대신에 "더 불분명하고 더 모호한" 새로운 차별 형식이 생겨났다고 주장한다. 특히 진보 성향의 백인이 이런 미세한 차별을 저지를 수 있는데, 그들은 자신의 무의식적 인종차별을 공개적으로 드러내서는 안 된다는 가치관을 내면화했기 때문이다.[9]

　은근히 드러내는 무례와 우월감이 묻어나는 언행 역시 의문의 여지 없이 가면을 쓴 인종차별일 수 있다. 그러나 항상 그럴까? 미세공격 개념은 얽히고설킨 인간관계의 역학을 고려하지 않는다. 데럴드 윙 수를 비롯한 이 논문의 저자들은 백인이 미세공격을 저지르는 상황 열 개를 제시했다. 이 목록에는 "영어를 참 잘하시네요"라는 표현 또는 아시아계 미국인에게 혹시 수학을 가르쳐줄 수 있는지 묻는 질문도 포함되었다. 논문이 주장하기로 이런 표현이 모욕적일 수 있는데, 이것이 아시아인은 숫자 다루는 재능을 타고난다는 클리셰에서 나온 말이기 때문이다. 미국이 인종 용광로라는 생각도 미세공격 목록에 포함되었는데, 소수자를 동화시키려는 시도를 담고 있기 때문이다. 최고의 지원자를 선발한다는 문장도 미세공격인데, 이 말속에 '능력주의 신화'가 들어 있기 때문이다. 논문의 논리대로라면 할렘에서 주류 판매점을 여는 것조차 인종차별일 수 있다. 흑인 동네에 주류 판매점 수가 증가하는 것은 흑인의 불량한 행동이라는 클리셰를 강화하는 "거시적 차원의 미세공격"이기 때문이다.

심리학 교수 데럴드 윙 수는 직접 경험한 미세공격을 논문에 기술했다. 한 흑인 동료와 저가 항공기로 뉴욕에서 보스턴으로 가고자 했을 때, 이륙 직전에 백인 남성 세 명이 더 탑승했다. 그들은 수와 그의 흑인 동료처럼 앞쪽에 앉았다. 그러자 (백인) 승무원이 두 학자에게, 무게 균형을 위해 뒤쪽에 앉아줄 수 있는지 물었다. 두 학자는 요청에 따라 뒤쪽으로 자리를 옮겼다. 수는 은밀한 인종차별을 당한 것에 몹시 화가 났었다고 논문에 적었다.

의문의 여지가 없다. 유색인종 두 명을 뒤로 보내기가 더 쉽다고 승무원이 생각했을 수 있다. 어쩌면 그녀는 그렇게 하면서 심지어 기분이 좋았을 터다. 어쩌면 백인 세 명에게 자리를 바꾸라고 할 자신이 없었거나 그게 더 나은 방법이 아니라고 여겼을 수도 있다. 그러나 어쩌면 세 명보다 두 명이 자리를 옮기는 것이 더 빠르다고 생각했을 수도 있다. 어쩌면 아무 생각 없이 그냥 그렇게 했을지도 모른다. 어떤 동기였는지는 승무원 자신만 답할 수 있다.

미세공격 개념은 서로를 더 세심하게 배려하자는 제안일 수 있다. 그러나 또한 때때로 다양한 인종 간의 의사소통을 완전히 엉망으로 만들어버린다. 왜냐하면 별 뜻 없이 한 말에서 언제나 감춰진 인종차별적 메시지를 찾아낸다면 애매한 경우에는 침묵하는 것이 가장 안전한 해결책이 되기 때문이다. 게다가 종종 완전히 모순되는 상황이 생기기도 한다. 백인은 기본적으로 하고 싶은 말을 할 수 있겠지만 항상 잘못된 말이라고 비난받을 것이라고 컬럼비아대학 교수 존 맥홀터가 내게 말했다.

"백인하고만 사귀는 백인은 이런 말을 들을 겁니다. '너희는 인종차별주의자라서 그러는 거야.' 그러나 만약 백인 남성이 흑인 여성과 사귀면 모험을 즐기는 남자라고 비난받습니다. 다른 사례도 있어요. 만약 백인이 흑인 동네에서 이사를 나오면 '백인 탈출'로 비난받고, 백인이 흑인 동네로 이사를 가면 젠트리피케이션에 일조한다는 비난을 받습니다. 이런 식의 모순은 문제가 있어요. 백인의 인종차별을 폭로하는 데 너무 몰두한 나머지 논리가 완전히 무너지고 말았어요."[10]

흑인 언어학자 맥홀터는 이미 수년 전부터 미세공격 개념과 미국 대학에 나타난 그 결과를 비판해왔다. 2021년 가을, (그때까지는) 미시간대학의 저명한 작곡과 교수였던 브라이트 셩은 제자들의 공격 대상이 되는 게 얼마나 쉬운지를 체험했다. 셩은 상하이에서 태어났고 1982년에 미국으로 이주했다. 그는 아시아 음악과 서양 음악이 서로 접목된 작품을 만들어냈다. 15년 넘게 미시간대학에서 강의했고 퓰리처상 후보에 두 번이나 올랐다.

문학 텍스트를 오페라로 개작하는 수업에서, 셩은 셰익스피어의 《오셀로》를 각색한 1965년 작 영화를 학생들에게 보여주었다. 영화에서 로런스 올리비에가 얼굴을 검게 분장하고 흑인 장군을 연기했다. 〈뉴욕타임스〉가 보도했듯이, 이 영화를 보는 동안에 벌써 학생들 사이에 분노가 퍼졌다. 나중에 학장실로 항의 편지가 한 통 들어왔다. 학생들은 영화뿐 아니라, 왜 하필이면 이 영화를 선택했는지 미리 설명하지 않은 셩에게도 분노한다고 적었다. 셩은 즉시 학생들에게 사과했고 이 영화를 상영하기로 한 자신의 결정에 "감수성이 부족했다"고 인정했다.[11]

정말 그랬다. 1966년 2월 〈뉴욕타임스〉에서 이 영화를 다룰 때 올리비에가 얼굴을 검게 칠하고 입술을 붉게 분장한 것은 인종차별 클리셰의 부활이라고 비평가들이 이미 지적했다.[12] 그러나 셍의 실수가 사과로 끝낼 수 없을 정도로 심각한 것은 아니다. 하지만 학생들은 확실히 그렇게 생각하지 않았다. 그들은 학장의 공식 사과에 만족하지 않았고 셍의 행동이 대학의 다양성 원칙을 위배했다고 지적했다. 셍은 다시 한번 용서를 빌어야 했다. 그는 공개서한에서 검게 칠한 얼굴이 인종차별적 메시지가 될 수 있다는 사실을 의식하지 못한 자신의 실수를 인정했다.[13]

그러나 그다음에 자신은 언제나 다양성을 지지하는 예술가였다고 덧붙였다. 자신의 오페라 공연에 흑인 여성을 주인공으로 뽑았다고. 이 말이 분노를 더욱 들끓게 했다. 한 학생 단체가 학장에게 편지를 보내, 마치 흑인은 오로지 그의 도움이 있어야만 경력을 쌓을 수 있는 것처럼 셍이 행동했다며 분노했다. 학생들이 "안전하지 않고 불편하다"고 느끼는 분위기를 조성한 셍은 작곡 수업에서 즉시 물러나야 한다고 요구했다.[14]

그러나 이 편지에는 이런 조치만으로는 학부의 더 근본적인 "백인 지배 뿌리"를 뽑아내지 못한다고도 적혀 있었다. 이 수업을 들었던 새미 서스먼이 인터넷에 긴 글을 올려 셍의 또 다른 잘못을 조목조목 거론했다. 무엇보다 셍은 휴대전화로 영상을 보여주는 잘못을 저질렀다. "셍 교수가 동료와 학생들을 그렇게 노골적으로 무시하는 것에 얼마나 놀랐는지, 나는 지금도 생생히 기억한다." 또한 서스먼은 학부 마지막 해에 셍이 그에게 예정에 없던 멘토링을 제공했는데 그때도 똑같이 "충격을 받았다"고 했다. 서스먼은 그것 역시 이유가 무엇이든 셍이 누리는 특권의 증거라고 평가했다.[15]

셍이 특권층에 속하는 인물이 아니기 때문에 이 사건 역시 주목할 만하다. 셍은 1955년에 상하이에서 태어났다. 의사와 공학자인 그의 부모는 음악적 재능을 타고난 아들에게 피아노를 금지해야만 했다. 중국 문화혁명 시대에 악기는 '부르주아'를 상징했기 때문이다. 문화혁명 이후에 셍은 비로소 상하이음악원에서 공부할 수 있었다. 1982년에 그는 미국으로 이주했고 작곡가이자 대학 강사로 우수한 경력을 쌓았다. 셍이 특권을 갖고 태어난 남자라는 추측은 사실과 가장 거리가 멀다. 오히려 그의 사례는 백인이 아닌 이민자도 미국에서 재능과 성실함으로 높은 곳에 오를 수 있다는 사실을 보여주었다.

좀 더 상세히 살펴보면 확실히 수많은 아시아계 미국인은 소외된 '유색인종' 집단에 넣기 어렵다. 대다수 아시아인은 미국의 경쟁적 분위기에 아주 잘 적응하여 지내고, 이른바 '적극적 우대 조치'의 피해자 쪽에 더 가깝기 때문이다. 2018년에 아시아계 대학생을 대변하는 한 조직이 하버드대학을 상대로 소송을 제기했다. 이 조직은 하버드대학이 성격 같은 모호한 선발 기준으로 아시아계 지원자를 배제했다고 주장했다. 하버드대학은 이런 혐의를 부정했지만, 〈뉴욕타임스〉는 "학업 성적만을 기준으로 선발했더라면 2013년 아시아계 대학생의 비율이 19퍼센트가 아니라 43퍼센트였을 것"이라 보도하면서 대학의 내부 조사 자료를 공개했다.[16]

법정 다툼은 워싱턴의 대법원으로 갔고, 매우 근본적인 의문을 불러일으켰다. 노예제 폐지 후 150년이 더 지났고 민권법 통과 후 50년 더 지났는데도 과연 흑인 대학생에게 여전히 특혜를 줘야 옳을까? 또는 언어학자 맥훨터의 주장처럼, 이제는 경제적으로 취약한 사람을 특별히 지원해야 할 때가 아닐까?[17]

이 논쟁은 현재 미국에서 감정적으로 격렬하게 토론되는 주제다. 인종주의와 차별이 문제가 될 때마다 어김없이 등장하는 논쟁이다. 스탠퍼드대학 정치학 교수 프랜시스 후쿠야마가 2021년 봄 경찰의 흑인 폭행에 관한 토론 수업 장면을 내게 들려주었다. 후쿠야마는 경찰의 흑인 폭행 문제를 다양한 차원으로 나눠서 토론하고자 했다. 이를테면 이런 일이 미국 전역에서 자행되는가, 아니면 특정 도시에서만 발생하는가? 교육의 역할이 중요할까? 이에 대한 학생들의 반응이 아주 놀라웠다. 먼저 몇몇 학생이 예고 없이 이런 골치 아픈 문제성 주제를 제시했다며 항의했다. 어떤 학생들은 토론 수업의 질문 자체를 근본적으로 반대했다. 한 학생이 설명했다. "교수님이 빈곤이나 교육 부족을 언급하시면, 흑인 차별을 인종주의 이외에 다른 근거로 해명할 수 있다고 착각할 위험이 있습니다."

후쿠야마는 1980년대에도 이미 인종주의를 주제로 토론 수업을 했다고 한다. 그러나 당시에는 객관적 토론이 가능했다. 반면 지금은 모든 문제의 근원이 기본적으로 인종차별에 있다고 보는 매우 단순한 관점이 지배한다고 한다. 학생들의 세계관에 문제 제기를 해본 적이 있느냐고 묻자, 그는 이런 일은 그냥 가만히 두는 편이 더 낫다고 대답했다.[18]

미국 대학의 토론 문화가 어쩌다 이렇게 편협해졌을까? 대학생 설문조사를 살펴보면, 학생들 스스로 정신적 골방에 갇히기를 원했다고 보기는 어렵다. 2022년 나이트재단의 연구를 보면, 민주주의 작동에 표현의 자유가 중요하다고 응답한 미국 대학생이 84퍼센트나 되었다. 편파적이거나 더 나아가 모욕적이라고 인식할 수 있는 의견도 대학에서 허용해야 마땅하다고 여기는 학생이 59퍼센트였다. 그러나 이 지점에서 여러 대학생 집단 사이에 큰 괴리가 있다. 예를 들어 모욕적이거나 편파적인 의견에서 학생들을 보호해야 한다고 여기냐는 질문에 백인 학생은 겨우 16퍼센트만이 그렇다고 응답한 반면, 흑인 학생은 36퍼센트, 라틴계 학생은 32퍼센트가 그렇다고 답했다.[19]

　　오랫동안 차별을 당했고 여전히 당하고 있는 집단이 더 큰 배려를 요구하는 것은 당연해 보인다. 다만, 소수자 보호와 표현의 자유를 어떻게 조화시킬 수 있을까? 논쟁에 참여하는 사람은 저항을 받거나 공개적으로 반박당할 위험에 직면한다. 의견 충돌은 종종 상처도 남기는데 당연한 결과다. 의견이 다른 사람은 상대방의 의견을 공격하고, 그러면 그 사람은 기분이 상하거나 모욕을 느낄 수 있다. '혐오 발언' 개념 역시 이런 딜레마에서 자유롭지 못하다. 당연히 모욕이나 멸시 없이 정중하게 논쟁하는 것이 옳다. 그러나 그 경계가 정확히 어디란 말인가? 미들버리 칼리지의 몇몇 학생은 찰스 머레이의 명제가 혐오 발언이라며 그의 연설을 거부했다. 보라. 용어의 개념 정의를 충분히 넓게 확장하기만 하면 용어만으로 모든 논쟁을 질식시킬 수 있다.

대학의 열린 논쟁 문화는 당연한 일이 아니었다. 어렵게 싸워 쟁취해야만 했다. 미국의 유명한 대학들은 계몽 정신과 자유로운 토론의 장으로 설립된 것이 아니라 종교적 교육시설에 더 가까웠다. 법학 교수 어윈 체머린스키와 하워드 길만이《캠퍼스 내 표현의 자유》에 썼듯이 미국 대학에서는 가르침의 순수성이 중요했고 그래서 금세 갈등이 일었다.[20] 1701년에 예일대학이 교육기관으로 탄생한 데에는 하버드대학의 종교적 다툼도 한몫을 했다. 다트머스 칼리지는 예일대학의 분쟁으로 1769년에 뉴햄프셔 하노버에 설립되었다.

종교적 교육시설이 세계적 교육기관이 되기까지는 긴 여정이었다. 1865년에 기업가 에즈라 코넬과 역사학자 앤드류 딕슨 화이트가 매우 의식적으로 학문 작업에만 집중하는 코넬대학을 설립했다. 3년 뒤에 국립대학으로 캘리포니아대학이 설립되었다. 원치 않는 의견을 제재하려는 학교의 시도에 저항하기 위해 대학교수들도 곧 힘을 합쳤다. 20세기 중반에는 주로 과도하게 왼쪽으로 기울었다고 의심받는 교수들이 해직을 두려워해야 했다.[21]

1915년 1월 미국교수협회가 만들어졌고 협회는 대학을 자유로운 의견 교환의 장으로 선언했다. 그러나 새로운 협회도 수많은 교수가 공산주의자 또는 마르크스주의 지지자로 의심받아 해직되는 일을 막지 못했다.

캘리포니아대학은 공산당원을 대학에 받아주지 않기로 했고 하버드와 예일도 비슷하게 처신했다. 예일대학 총장 찰스 세이모어는 1949년에 다음과 같이 선언했다. "예일에는 마녀사냥이 존재하

지 않을 것이다. 마녀가 절대 없을 것이기 때문이다. 우리는 공산주
의자를 대학에 들일 계획이 없다."

1960년대에 베트남전쟁 반대 시위, 학생운동, 민권운동이 반공
교조주의를 대학에서 몰아냈을 때 비로소 상황이 달라졌다.[22] 대학
에서 자유로운 의사 표현이 가능하게 도운 것은 특히 좌파였다. 그
래서 현재 의견의 통로를 좁히려 애쓰는 사람이 스스로 진보적이라
고 여기는 것은 더욱 기이해 보인다. 표현의 자유는 이제 진보의 도
구가 아니라 영혼을 해치는 도구로 통한다. 1960년대에 억압 체제
의 앞잡이로 여겨졌던 대학 지도부는 이제 위험한 사상에 맞서 싸우
는 동맹자로 여겨진다.

그러나 이것은 특히 미국에서, 적어도 학계에서 좌파 정체성의
영향력이 얼마나 강해졌는지 보여주는 주목할 만한 지점이다. 언어
통제는 지배 도구다. 표현의 자유는 언제나 그것 말고는 자신을 방
어할 수단이 없는 사람들의 무기였다. 그런 점에서 연사를 명단에
서 지우거나 토론을 거부하는 데는 종종 현상 유지의 욕구가 담겨
있다.

모든 대학이 새로운 지적에 굴복하는 것은 아니다. 시카고대학
은 2015년에 (비호감 연사를 반대하는 학생들의 시위에 대해) 이유
불문 무조건 표현의 자유를 지지한다고 선언했다. 선언서에는 의
견 교환을 촉진하는 것이 대학의 의무라고 적혀 있었다. 당연히 학
생과 교수의 의견이 종종 대립할 수 있다. "그러나 원치 않거나 동
의하지 않는 견해 또는 어쩌면 심지어 아주 깊이 모욕적이라고 느
끼는 견해에서 학생들을 보호하려 애쓰는 것이 대학의 임무는 아

대학 문화 침묵 수도원이 된 대학

니다."[23]

선언은 아주 명료하고 명확했다. 최근 몇 년 동안 84개 대학이 이 선언에 전적으로 동의하거나 이를 유의미하게 받아들였다. 그중에는 프린스턴대학, 조지타운대학 심지어 스미스 칼리지도 포함되었다. 그러나 대립 상황에서 아무도 이 선언을 인용하지 않으면 그저 죽은 서류로 남을 뿐이다. 그리고 대학 지도부는 트위터와 페이스북으로 자신의 분노를 전 세계와 공유할 수 있는 학생들과 싸우기보다는 차라리 포기를 선택한다.

그러면 모호한 원칙보다 평판 보호가 더 중요해지고 개별 교수들은 갈등 회피를 선호한다. (세계에서 가장 인정받는 정치학자인) 후쿠야마 같은 학자들조차 학생들과 싸우기를 종종 포기한다면, 젊은 조교수가 군이 해고 위험을 무릅쓸 이유가 뭐란 말인가?

수많은 미국 대학이 제한적 다양성 개념을 가졌고 이 제한성이 문제를 더욱 악화시키고 있다. 대학들은 한편으로 여성과 아프리카계 미국인의 교수 비율을 높이기 위해 (마땅히) 주의를 기울인다. 이른바 DEI 프로그램 덕분에 백인 남성 교원이 더는 표준이 아니다. 그러나 이 프로그램은 지원자의 자격과 거의 무관한, 정말로 제멋대로인 임용을 빈번하게 초래한다.

버클리 캘리포니아대학 생명과학 학부의 다양성 보고서가 인상적인 한 예다. 2018/2019년 다섯 명 임용에 894명이 지원했다. 53.7퍼센트가 백인이었고, 25.7퍼센트가 아시아계, 13.2퍼센트가 라틴계, 2.8퍼센트가 흑인이었다. 첫 번째 선발 단계에서 지원자 680명이 걸러졌다. 오로지 다양성 기준에 따라서. 두 번째 단계에서 비로소 자격이 역할을 했고 지원자는 22명으로 좁혀졌다. 13.6퍼센트가 백인, 18.2퍼센트가 아시아계, 59.1퍼센트가 라틴계 그리고 9.1퍼센트가 흑인이었다. 남성 비율은 선별 과정에서 극적으로 감소했다. 원래 56.5퍼센트였는데 좁혀진 목록에서는 36.4퍼센트였다.[24]

과거의 차별을 치유하기 위해 소수자를 적극적으로 지원할 필요가 있다는 주장은 충분히 타당하다. 다만 같은 자격을 갖춘 여성이나 흑인 후보자를 우대하는 것과 학문적 성과를 전혀 고려하지 않은 채 다양성 필터를 사용하는 것은 완전히 다른 얘기다. 게다가 지원서에 때때로 명시해야 하는 다양성 진술은 확실히 드물지 않게 가치관 테스트와 다르지 않다. 수학자 애비게일 톰슨은 다양성 진술이 1950년대에 캘리포니아대학 교직원들에게 공산당원이 아니라는 선언을 강요한 충성 맹세와 같다고 보았다. 톰슨은 오늘날 좌파 스펙트럼에 들어가지 않는 지원자들이 강하게 불이익을 당한다고 지적하며 버클리 캘리포니아대학을 그 예로 들었다. "이 시스템은 모든 인간은 특정 정체성의 대표자가 아니라 고유한 개인으로 간주해야 한다는 고전적 자유주의 원칙을 믿는 지원자를 배제한다"고, 톰슨은 《월스트리트저널》 칼럼에 썼다.[25]

실제로 정치적 다양성을 거의 거론할 수 없는 미국 대학이 상당히 많다. 2011년 미국사회심리학연례학회에서 심리학 교수 조너선 하이트가 재미있는 조사를 했다. 약 천 명에 달하는 참석자들에게 자신의 정치 성향이 어디에 있다고 보는지 물었다. 약 80퍼센트가 자신을 진보 또는 중도좌파로 보았고, 약 3퍼센트가 중도라고 답했으며, 1퍼센트 미만(강당 전체에서 세 명이 손을 들었다)이 자신을 보수라고 여겼다. 물론 강당에서 던진 질문 하나가 신뢰할 만한 통계 조사는 아니지만 실제로 체계적 설문조사 역시 이와 비슷한 결과를 보여준다.

사회학자 닐 그로스와 솔론 시몬스의 2006년 연구를 보면, 미국의 교수들 20퍼센트가 자신을 보수라고 여기고 62퍼센트가 좌파 또는 진보라고 여겼다.[26] 정치학자 새뮤얼 에이브럼스의 연구는 미국 대학에서 보수 성향 교수의 비율이 1989년부터 2014년 사이에 명확히 감소했다는 사실을 보여준다. 이런 경향은 학생의 입학 조건이 엄격하지 않은 사립대학에서 가장 심했다. 이런 대학에서는 1989년부터 1992년 사이에 교수의 약 4분의 1이 아직 자신이 보수라고 응답했지만, 2010년부터 2014년 사이에 이 비율은 겨우 10.9퍼센트에 그쳤다. 반면, 진보와 좌파 교수의 비율은 39.5퍼센트에서 65.3퍼센트로 상승했다.[27]

하버드대학의 보수 성향 교수 부족은 특히 인상적이다. 학생신문 〈하버드 크림슨〉이 2021년 4월에 보도했듯이, 대학에서 가장 큰 기술과학 학부의 교수 가운데 3퍼센트만이 자신을 보수라고 생각했다.[28] 〈뉴욕타임스〉 칼럼니스트 니컬러스 크리스토프는 2016년에 사회학이나 문학 같은 학과에서 보수 성향의 교수가 기본적으로 멸종 위기종이라고 썼다. "일부 학과에서는 공화당원보다 마르크스주의자를 찾는 것이 더 쉽다."[29]

"내 처지가 딱 그래요." 미국 최고의 토크빌 전문가이자 조지타운대학의 정치 이론 교수인 조슈아 미첼이 내게 말했다. "1993년에 이 대학에 왔을 때, 같이 얘기할 수 있는 동료 교수가 아주 많았어요. 하지만 지금은 우리 단과대학에 430명의 동료 교수 및 연구자가 있지만 같이 얘기할 사람이 한 명도 없어요. 단 한 명도. 나는 내가 자유주의자라고 여겨요. 그러나 좌파 동료들은 나를 그렇게 보지 않아요. 그들은 말하죠. 두 가지 가능성만 있다고요. 그들과 같은 부류이거나 보수주의자이거나 둘 중 하나라는 거죠."

이 모든 것이 독일과는 무관한 일일까? 미국 대학들은 독일 대학과 다르게 조직되었고 스탠퍼드, 하버드, 프린스턴 같은 거대 엘리트 대학은 억만장자 사기업이며, 그 옆에는 학생들을 두고 경쟁하면서 상장기업처럼 이미지 관리에 애쓰는 사립대학이라는 넓은 서식지가 있다. 그러나 수많은 미국 대학에 퍼져 있는 편협한 논리가 독일에는 전혀 들어오지 않았을 거라 믿는다면 잘못이다.

2021년 6월에 하인리히뵐재단이 보고서 하나를 발표했다. 제목이 〈다원성 방어〉였지만 정확히 그 반대를 요구하는 내용이었다. 프라이부르크의 정치학자 카르스텐 슈베르트가 썼다. "학문의 다원성은 현재 특권층의 자유가 축소되도록 자원을 배분하여 모두를 위한 자유를 확보하는 것을 필수로 여긴다. 이런 자유의 확보는 '정치적 올바름'이라고 비판받는 기술을 통해 가능하다. 즉 커리큘럼의 탈식민화, 포용적 회의를 통한 소수자 목소리의 구조적 특권화, 대학 내 포용적 언어 및 고용 정책의 실현 등이 필요하다."

이것은 진보의 탈을 썼으나 그 핵심에서는 반대 의견을 특권으로 낙인찍어 비난하는 데 사용되는 언어다. 그렇게 포용은 실제 의

미가 왜곡되어 자유주의 또는 심지어 보수적 관점을 억압하는 방법이 된다. 슈베르트의 논리대로라면, 우파 연사에 대한 반대나 보이콧은 표현의 자유를 제한하는 것이 아니라 "인종차별, 성차별, 트랜스 및 동성애 혐오 같은 구조적 차별에 맞서 학계에서 진행하는 교육 및 연구의 연장이다."[30]

그것이 어떤 모습인지를 현재 수많은 사례에서 볼 수 있다. 2018년 1월에 베를린의 앨리스살로몬대학이 대학 건물 정면에 적힌 오이겐 곰링어의 시를 없애기로 결정했다. 곰링어는 7년 전에 대학이 주관한 시인상을 받았고, 대학은 이를 기려 〈가로수길*avenidas*〉이라는 시를 건물 벽에 크게 새겼다. 시를 대략 옮기면 다음과 같다.

가로수/가로수와 꽃/꽃과 여자/가로수/가로수와 여자/가로수와 꽃과 여자 그리고/숭배자

주로 얘기되기로 사건의 전개는 다음과 같았다. '숭배자'를 성추행범으로 해석한 여학생들의 비판이 있었다. 불과 몇 년 전까지 사실적인 시의 고전이었던 작품이 갑자기 가부장제를 풍기는 시로 통하게 된 이 사건을 어떻게 처리할지를 두고 고통스러울 정도로 긴 논쟁이 대학에서 벌어졌다. 마지막에 곰링어의 시 대신 새길 작품의 조건으로 총학생회는 다음과 같이 요구했다. "성차별, 인종차별, 능력주의, 외모지상주의, 계급주의, 연령주의 또는 그 외 차별적 언급은 허용되지 않는다."

당시 곰링어의 시를 없애기로 한 대학의 결정에 큰 분노가 일었

다. 비판이 가장 먼저 겨냥한 것은 1950년대 초에 작성된 시에 21세기 초의 페미니즘 잣대를 대는 것은 탈역사적 예술개념이라는 점이었다. 그러나 향후 예술이 어떤 틀 안에서 움직여야 하느냐의 총학생회 기준은 훨씬 더 과격했다. 총학생회의 기준을 진지하게 받아들이면 기본적으로 모든 시와 그림은 권력관계를 해체하는 진보에 봉사해야 한다.[31]

곰링어 시의 사례는 차별 반대로 공격하면 예술 및 과학의 개방성이 얼마나 쉽게 무너질 수 있는지를 보여준다. 정년퇴임한 아프리카 역사학 교수 헬무트 블레이도 비슷한 일을 겪었다. 블레이는 2021년 봄에 인종차별 반대와 독일 식민지 역사에 대해 강연하고 젊은 활동가들과 토론하기로 예정되어 있었다. 하노버시 당국이 그를 초대했다. 블레이는 그 분야에서 인정받는 전문가였고 독일이 과거 식민지에서 저지른 범죄를 정부가 직시하게 하는 캠페인을 수십 년 동안 벌였기 때문이다.

그러나 '차별 감수성과 인종차별 비판을 위한 발의IDiRa'라는 한 단체가 블레이 교수의 계획된 강연에 반대하는 시위를 벌였다. 블레이가 인터뷰 때 내게 말하기를 2021년 2월 말에 예비 회의가 있었고 그 자리에는 블레이와 하노버시 대표 외에 IDiRa 활동가들도 참석했다고 한다. "내가 입을 떼기도 전에 그들은 아프리카에 대해 말할 자격이 전혀 없는 늙은 백인 남성과는 대화하지 않겠다고 선언했습니다."

블레이는 그런 태도가 학문의 자유를 위협한다고 주장했다. 그는 이 회의 뒤에 이렇게 썼다. "오로지 흑인만 아프리카 역사를 다룰 자격이 있다는 주장이 관철된다면 이는 학문의 보편성 종말을 의미할 것이다." 하노버시 홍보 담당관 펠릭스 바이퍼에게 듣기로, 저명한 학자와 젊은 활동가들이 만나는 자리를 마련하여 인종차별을 토론하게 하는 것이 바로 이 행사의 목표였다. "그러나 IDiRa는 '원칙에 따라 우리는 블레이 교수와 대화하지 않겠다'고 분명히 선언했다고 강조했어요." 모든 중재 노력은 실패했고 시는 행사를 취소하는 것 말고는 다른 선택의 여지가 없었다고 한다. 시는 한 달 뒤에 다른 계기로 블레이 교수에게 강연 기회를 제공했다. 이 사건이 유리잔 속의 폭풍에 불과할까? 그렇게 볼 수도 있다. 그러나 80세가 넘은 블레이는 더는 경력을 쌓을 필요가 없고 눈치를 볼 필요도 없지만 젊은 학자는 처지가 다르다.

대다수 학자는 지배적 사상을 감히 거스르지 못한다고 뷔르츠부르크대학에서 근현대사를 가르치는 페터 회레스가 내게 말했다. "학자들 대부분이 40대 초중반까지 비정규직 또는 계약직으로 일하기 때문에 머리에 자체 편집 가위를 갖고 살아요. 그것이 엄청난 획일성을 만듭니다." 회레스는 2018년 뮌스터에서 열린 '역사학자의 날' 때 이 획일성을 직접 겪었다고 한다. 당시 독일 의회는 "역사적으로 민감한 언어"를 옹호하고, 이주를 "관련 사회를 전반적으로 풍요롭게 하는" 역사적 상수로 보는 정치적 결의안을 압도적 과반수로 통과시켰다. 회레스는 몇몇 동료와 함께 이 결의안에 반대 의견을 냈다. "우리는 역사학과를 정치화해선 안 된다고 생각했습니다. 이주 정책이 늘 좋았다고 말할 수는 없어요. 늘 좋았다고 말하는 것은 늘 나빴다고 말하는 것과 똑같이 그냥 너무 거친 일반화처럼 보였고, 그래서 반대 의견을 냈던 겁니다. 그 후로 더 많은 젊은 학자들이 동참했고, 그동안 이 결의안에 반대할 자신이 없었노라고 우리에게 말했어요."

2021년 여름 시사잡지《차이트》에 실린 한 문학자의 글이 젊은 학자들이 어떤 압박 아래에 있는지를 보여주었다. 이 문학자는 사실 모든 것을 올바르게 해왔다. 빛나는 성적으로 대학을 졸업하여, 베를린과 프린스턴에서 박사학위를 취득했고, 학술지에 논문을 발표했다. 그러나 그는 불안정한 계약직과 불투명한 채용 절차의 끝없는 뫼비우스의 띠에 갇혀 있었다. 당시 연구부 장관 요한나 반카가 젊은 학자들을 위해 교수직 천 개를 만들겠다고 발표했을 때, 그는 다시 한번 희망을 품었다. 헛되이. "모두, '내가 지원한' 주니어 교수 자리가 정말로 모두 여자들로 채워졌다. 젊은 남자들에게 불리한 시대라고 사람들은 말한다." 이런 상황에서 누가 감히 위험을 무릅쓰고 반대 의견을 낼 수 있겠나? 젠더 연구에서 성별이 사회적 구성물이라는 교리에 누가 감히 의문을 제기할 수 있겠나?

독일은 아직 미국이나 영국만큼 극적이지는 않은 것 같다고, 프랑크푸르트대학 민속학 교수 주자네 슈뢰터가 내게 말했다. "그러나 이곳에도 굴복과 침묵의 문화가 있습니다. 특정 분야에서 뭔가를 이루고자 하는 사람은 늑대와 함께 울부짖어야 하고, 그 외에는 입을 다물고 있는 편이 낫습니다. 여러 젊은 학자들은 교수직을 얻기까지 극도로 위태로운 단계를 거칩니다. 그들은 계약직에서 계약직으로 위태롭게 이동하고, 논문을 발표하기 위해 인맥에 의존합니다. 만약 이때 뭔가 반대 의견을 내서 아주 약간만 의심스러운 평판을 얻어도 그것으로 경력은 끝입니다. 그 정도면 극적이라고 해야 하지 않을까요?"

스스로 좌파라고 말하는 슈뢰터는 보수 역사학자 회레스와 마찬가지로 "도덕적 불신, 사회적 배제, 직업적 불이익"을 걱정하지 않고 토론할 수 있는 문화를 지향하는 내용이 설립 선언문에 명시된 '학문의 자유 네트워크'에서 이사로 활동한다. 회레스는 슈뢰터와 마찬가지로 독일은 아직 미국 같지 않다고 여긴다. 그러나 걱정할 이유는 충분하다. 회레스는 최근에 처음으로 좌파 성향의 철학교수와 토론회에 참석했다. "마지막에 그 철학 교수는 아주 당당하게 내가 초대된 것이 유감스럽다고 말했어요."

현재 열린 마음으로 세계를 탐구하는 것이 더는 중요하지 않게 된 분야가 더러 존재한다고 회레스는 생각한다. "막스 베버 이후로, 학문은 사고 패턴을 설명할 뿐이지 만들어내진 않는다는 것이 기본 합의입니다." 그러나 현재 일부 분야는 무엇보다 학생들을 아주 특수한 세계관으로 무장시키는 데 기여하는 것 같다면서, 회레스는 이것을 살짝 무시하듯 '어젠다 학문'이라고 부른다.

이것이 부당한 견해일까? 젠더 연구 같은 분야를 기본적으로 세뇌의 장소로 보는 것은 분명 잘못이라고, 베를린의 정치학자 헤어프리트 뮌클러가 내게 말했다. 그러나 그런 분야들은 활동가의 저수조가 되는 경향이 있으므로, 그런 분야일수록 균형을 잃지 않고 체계적이고 깨끗하게 일하는 것이 중요하다고도 말했다. "그리고 지식이 약한 사람일수록 그런 분야로 가서 믿음의 힘을 입증하려는 경향이 강합니다. 가장 격렬하게 믿고 기도하는 사람이 최고가 됩니다." 그래서 인문학 및 사회과학의 핵심 요소가 가장자리로 밀려난다. 즉 방법론이 의심을 받게 된다.

2017년에 대중의 관심 밖에서 '사회학 아카데미'가 조용히 설립되었다. 현재 약 300명의 학자가 이곳에서 경험적, 분석적으로 연구한다. 설립 선언문에는 다음과 같이 적혀 있다. "오직 '꾸며낸' 현실과 '이분법적 사실'에만 기반하는 포퓰리즘 운동과 견해가 확산하는 시대에, 과학적 계몽의 전통에서 사실에 기반하고 검증 가능하며 신용적인 지식을 추구하는 것이 더욱 필수적이다." 최근 선출된 트럼프 대통령의 현실 경멸을 조롱하는 듯이 들리지만, 사실은 무엇보다 정치적 행동주의에 봉사하는 동료들을 비판하는 것이었다.[32]

사회학 아카데미는 뮌헨 루드비히-막시밀리안대학의 젠더 연구 교수인 파울라 이레네 브라슬라브스키가 2021년 4월부터 이끄는 100년 전통 독일사회학회의 대안 조직을 자처한다. 브라슬라브스키는 성을 사회적 구성물로 보는 학파의 대표자답게, 인간을 남성과 여성으로 분류하는 것을 문제로 여긴다. "왜 우리는 차라리 정확하게 자궁이 있는 사람 또는 정자를 생산하는 사람이라 부르지 않는가?" 2022년 4월에 《차이트》 인터뷰에서 그녀가 물었다.[33] 동료들이 고개를 절레절레 저었다. 함부르크대학 사회학 교수이자 사회학 아카데미 부원장인 슈테파니 클레이가 내게 말했다. "만약 우리가 사회학자로서 세계를 오직 권력 서사로만 보기 시작하면, 객관적 학문과 입증 가능한 사실 같은 것은 존재하지 않는다는 위험한 믿음을 조장하게 될 것입니다."

사회학자 브라슬라브스키는 주디스 버틀러 저서의 전문가다. 캘리포니아 출신 철학자 버틀러는 미셸 푸코의 담론 이론에 크게 영향을 받은 《젠더 트러블》을 1990년에 출판했다. 버틀러는 전설적으로 복잡한 문체로 생물학적 성별 역시 사회적 구성물이고 그래서 가부장적 권력 구조의 산물일 수 있다고 주장했다. "성별 표시 이전의 존재를 신체에서 찾을 수 없다"고 버틀러는 썼다.[34]

페미니즘의 근간뿐 아니라 남성과 여성의 이해를 근본적으로 뒤흔든 발상이었다. '퀴어'라는 용어를 만들고 전통적 성 역할을 무너뜨리고 재치 있게 풍자하는 데 도움을 준 사람이 버틀러였다. 버틀러의 이론적 전환은 전체 서방세계에서 여성연구소가 젠더연구소로 이름을 바꾸는 데 공헌했다.

젠더, 퀴어, 탈식민 등의 분야를 실생활과 무관한 학문적 틈새 분야로 여기는 것은 실수다. 경찰이 쓰레기라며 매립지로 보내자고 한 야그후비파라의 칼럼을 둘러싼 논쟁 이후에, 〈타츠〉 편집자 크리스티안 야콥은 견고한 이념으로 중무장한 상태로 대학을 졸업하여 〈타츠〉의 늙은 편집자들을 떨게 하는 새로운 저널리스트 세대를 날카롭게 분석했다.

"그들 대다수는 정체성, 대표성, 특권이 중심 개념이던 2005년경부터 대학에 다녔고, 그곳에서 정치적으로 사회화되었다. 이 현상은 일찍부터 인종차별을 개별 특권의 방어 도구로 지적한 튀니지계 프랑스인 사회학자 알베르 멤미 같은 이론가로 거슬러 오른다. 이것은 처음에는 거의 눈에 띄지 않게 1990년대부터 독일 교육계 일부에, 특히 성인 교육에, 그다음에는 퀴어 연구, 사회 및 문화

연구, 민속학, 비판적 인종 연구, 비판적 백인성 일부에 영향을 미쳤다. 2010년경 이후부터 교차성이 학문적으로 호황을 누렸다. 교차성은 그 추종자들조차 스스로 알아차리지 못할 정도로 아주 빠르게 확산했다. 현재 정체성과 전문성이 합쳐졌다는 비판과 함께 '완전히 새로운 관점'을 도입해야 하는 다양성 할당제가 요구된다. 돈이 많고 중요한 결정이 내려지는 곳마다 여전히 '개념 증명'이 명확히 부족한 것이 사실이다. 그러나 동시에 대학, 재단, 자문 센터, NGO 단체, 일부 공공기관, 여러 언론에는 오늘날 교차적으로 사고하는 젊은 학자들로 가득하다. 이들은 많은 곳에서 더는 소외계층이 아니고 일부는 이미 오래전부터 헤게모니를 장악했다. 그리고 이 역시 사회적 권력의 전환점이다."[35]

그렇게 보면 대학은 언제나 나중에 전체 사회를 특징지을 변화의 최전선이다. 대학은 학교, 기업, 국가, 언론에 스며들 사상의 실험실이다.

언론

미덕이 된 편파성

위대한 서사극도 때로는 익살극으로 시작한다. 2020년 5월에 음식 칼럼니스트 앨리슨 로만이 〈뉴욕타임스〉와 인터뷰했고, 인터넷을 통해 부와 명예를 얻은 두 사람을 헐뜯었다. 로만은 정리의 여왕 곤도 마리에와 인터넷 스타 요리사 크리시 타이겐을 비난했다. 그들이 파렴치하게 인기를 이용해 커틀러리 세트와 냄비를 팔아먹었다는 것이다. 약간 아이러니한 비난이기는 했는데, 로만 역시 당시에 이미 자신의 숟가락 컬렉션이 포함된 작은 마케팅 제국을 세운 상태였기 때문이다.[1]

이 여성들의 싸움이 인터넷에서 전혀 다른 방향으로 전환되지 않았더라면, 분명 그들의 싸움은 음식과 정리벽의 작은 세계에 머물렀을 터다. 정리의 여왕 곤도는 일본인이고, 슈퍼모델 타이겐의 어머니는 태국인이어서 트위터에서는 로만의 소위 인종차별적 발언에 관한 논쟁이 빠르게 퍼졌다. 이 논쟁은 순식간에 트위터에서 기성 언론으로 번졌다. 〈워싱턴포스트〉의 사설이 분노의 어조로 지적했다. "여기서 벌어지고 있는 일은 한 여자가 다른 여자들을 헐뜯는 그런 게 아니다. 여기서 우리가 보는 것은 백인 여성이 자신의 마케팅 타깃 고객인 백인과 남성이 많은 곳에서 두 아시아 여성을 헐뜯는 현장이다." 로만은 반성과 사죄의 뜻을 밝혔고 앞으로 자신의 '백인 특권'을 더 깊이 의식하고 조심하겠노라 다짐했다. 그러나 아무 도움이 되지 않았다. 로만의 칼럼은 삭제되었고, 이후의 칼럼 게재도 즉시 취소되었다.[2]

어찌 보면 로만을 둘러싼 이 작은 소동은 〈뉴욕타임스〉를 송두리째 뒤흔든 거대한 갈등의 서곡에 불과했다. 2021년 2월 당시 편집장이었던 딘 바케이가 도널드 맥닐 주니어 기자를 해고했다. 소위 감수성이 부족한 발언이 다시 문제였다. 다만 이번에는 채식 파스타 요리 전문가가 아니라 45년 동안 신문기자로 일했고 〈뉴욕타임스〉 코로나 보도의 목소리이자 얼굴이었던 기자의 발언이 문제였다.[3]

2020년 2월 27일에 세계 최대 구독자를 자랑하는 뉴스 팟캐스트 〈더 데일리〉에서 '사스 CoV-2'가 스페인 독감에 버금가는 지구적 재난이 될 것이라 경고한 사람이 바로 맥닐이었다. 당시 미국의 하루 코로나 확진자 수는 몇십 건에 불과했고, 트럼프 대통령은 마치 이 위험이 따뜻한 봄 날씨와 함께 사라질 것처럼 행동했다. 그러나 맥닐은 말했다. "우리가 태도를 바꾸지 않으면 수많은 사람이 죽을 수 있다는 사실을 인식해야 합니다."

수십 년 넘게 〈뉴욕타임스〉에서 일한 편집자가 내게 말했다. "맥닐은 여전히 안일하게 대처하는 세상을 향해 앞으로 무슨 일이 일어날 수 있는지 알려준 기자였어요. 그리고 단 한 번 잘못된 단어를 사용했다는 이유로 벌을 받았죠. 그게 말이 됩니까? 정말 화나는

언론 미덕이 된 편파성

일입니다." 전 수석 편집자는 "〈뉴욕타임스〉가 좌파의 폭스뉴스가 되었다는 인상을 독자들에게 주어선 안 된다"고 여겼다. 루퍼트 머독 왕국의 떠들썩한 방송과 〈뉴욕타임스〉를 비교하는 것은 최대 모욕이었다.

〈뉴욕타임스〉가 하필이면 트럼프 임기 말에 정체성 위기에 빠진 것은 확실히 우연이 아니었다. 트럼프 대통령은 이 신문사의 적이자 행운이었다. 트럼프 임기 동안 이 신문은 400만 명 이상의 새로운 구독자를 얻었다. 동시에 백악관의 포퓰리스트 덕분에 편집자들이 뛰어난 저널리즘 성과를 냈다. 트럼프의 세금 기록을 집요하게 조사하여 밝힌 곳이 바로 〈뉴욕타임스〉였다. 이 신문은 2022년에만 퓰리처상 세 개 부문을 수상했다.

그러나 트럼프는 전례 없이 서둘러 언론인의 자아상에도 문제를 제기했다. 〈뉴욕타임스〉는 10년 넘게 정치적 독립성을 철저히 지키려 애써왔다. 명성의 원천은 편집팀의 정치적 태도가 아니라 취재였다. 수석 특파원 피터 베이커 같은 기자는 지금도 정치적 독립성을 보이기 위해 절대 투표하러 가지 않는다.

그러나 이런 이상은 정치의식 부족으로 평가받는다. 그뿐 아니라 소셜미디어에서 기꺼이 흥분하는 특징을 가진 새로운 세대가 몇 년 전부터 뉴스룸으로 진격해오고 있다.

존홉킨스대학 정치학 교수 야샤 뭉크는 이와 관련하여, 〈뉴욕타임스〉를 이끄는 것은 편집장이나 발행인이 아니라 트위터라고 내게 말했다.

이것을 과장이라고 여길 수도 있겠지만 저널리즘에서 증가하는 행동주의와 소셜미디어의 논리가 서로를 강화한다는 점은 부정하기 어렵다. 미국과 유럽 모두에서 그렇다. 특히 트위터는 기자들에게 대표 매체가 되었고, 이 플랫폼에서는 좌파와 우파의 급진적 목소리가 톤을 결정한다. '숨겨진 종족'이라는 제목으로 발표된 2017년과 2018년의 광범위한 설문조사를 보면, 이른바 '진보적 행동가'는 미국 국민의 겨우 8퍼센트에 그쳤다. 동시에 바로 이 '진보적 좌파'가 소셜미디어에 자신의 정치 견해를 가장 열심히 퍼트렸다(2위는 미국 국민의 6퍼센트인 '헌신적 보수'였다).[4]

모든 수치가 말해주듯이 독일에서도 미국에서도 저널리즘은 특히 진보적 학자를 끌어당긴다. 둘은 서로를 밀어 올려주고 이 현상은 거대 기성 언론에서 의견 다양성이 감소한다는 인상을 강화한다.

맥닐 사건 역시 소셜미디어의 역학 없이는 이해할 수 없다. 맥닐은 2019년에 〈뉴욕타임스〉의 지원을 받아 페루로 학생들과 탐사여행을 갔다. 인종차별적 욕을 아프리카계 미국인에게 사용하면 어떤 결과가 있겠냐는 질문과 인종주의에 대해 학생들과 토론이 벌어졌다. 열띤 논쟁 중에 맥닐은 '니그로'라는 표현을 입에 올렸다. 그러나 단지 다른 사람이 한 말을 그저 인용하는 과정에서 썼을 뿐이다. 언어는 얼마나 자주 그리고 어떤 어조로 사용했느냐에 따라 전혀 다른 표현이 된다.

여행 뒤에 몇몇 학생이 맥닐의 발언에 항의했다. 편집장 바케이는 맥닐에게 가벼운 경고만 하고 지나갔다. 나중에 그가 편집팀에 전했듯이 맥닐은 악의적 의도 없이 그런 말을 뱉었기 때문이다. 그것으로 이 일은 일단락된 듯 보였다. 그러나 그다음 온라인 포털 〈더

언론 미덕이 된 편파성

데일리 비스트〉가 페루에서 있었던 사건을 보도했다.[5] 〈뉴욕타임스〉 직원 150명이 성명서를 내 진상 규명과 맥닐의 사과를 요구했다. "우리는 당혹스럽고 아프다. 편집장 바케이는 맥닐의 행동에 악의적 의도가 없었다고 말하지만 맥닐의 의도는 중요하지 않다." 바케이는 성명에 동참하지 않은 〈뉴욕타임스〉의 여러 편집자를 경악케 하는 태도를 취했다. 바케이는 성명서의 견해에 동의하며 직원들 앞에서 선언했다. "우리는 의도와 상관없이 인종차별적 언어를 용인하지 않는다." 바케이가 이미 맥닐을 질책했는데도, 여기에 더하여 코로나 보도에서 맥닐을 배제했고 결국 퇴사를 종용했다.

맥닐의 해고 역시 시대정신에 굴복한 것이었다. 〈뉴욕타임스〉는 최근에 젊은 고학력 구독자 수십만 명을 얻었다. 그들은 트럼프에 반대하는 행위로 신문의 구독을 결정했다. "이제 우리에게는 이 독자들이 기대하는 것, 바로 좌파적 태도를 보여주고 싶은 유혹이 있습니다." 한때 〈뉴욕타임스〉를 이끌었던 미디어팀 편집장 벤 스미스가 내게 말했다. 이 신문은 의견 다양성이라는 옛날 길을 유지할지 아니면 영국의 〈가디언〉 같은 좌파 신문으로 변신할지 기로에 있다.[6]

좌파 신문으로 변신한다면 아마 세계에서 가장 중요한 신문에서 발생한 유례없는 전통 파괴일 것이다. 그동안 〈뉴욕타임스〉는 독자들에게 폭넓은 의견 스펙트럼을 제공하기 위해 노력했다. 유명한 사설팀 편집장 제임스 베넷은 〈예루살렘 포스트〉의 전 편집장 브렛 스티븐스 같은 보수주의 목소리에도 발언권을 줬다. 그러나 그가 2020년 여름에 공화당 의원 톰 코튼의 문제적 사설을 게재한 뒤에, 신문사 대표가 베넷에게 물러 나라고 요구했다.

〈뉴욕타임스〉의 소동은 매우 인상적이지만 미국 진보 언론의 큰 변화를 보여주는 유일한 사례는 아니다. 지금까지 독일에서도 미국에서도 독단적 좌파는 정치에서 과반을 얻는 데 실패했다. 매우 온건한 민주당원인 조 바이든이 대통령으로 선출되었다. 뉴욕의 새로운 시장 에릭 애덤스는 흑인 경찰 출신으로, '흑인 목숨은 소중하다Black Lives Matter' 운동의 구호인 '경찰 예산 삭감하라!'를 큰 오류로 여긴다. "지하철에서 내리면 나는 계단 위쪽에 경찰이 서 있기를 바랍니다." 애덤스가 〈뉴욕타임스〉 인터뷰에서 말했다.[7]

그러나 독단주의자들은 굳이 과반수가 필요하시 않은 곳, 예를 들어 학교, 대학, 미디어에서 시작한 후 톤을 결정한다. 특히 베넷 사건이 인상적인데 이 편집장은 진보적 삶을 완벽하게 보여주기 때문이다. 그는 예일대학을 졸업했고 좌파 잡지 《뉴 리퍼블릭》에서 경력을 시작했다. 〈뉴욕타임스〉에서 백악관 출입 기자로 일했고, 나중에는 예루살렘 지국장으로 승진한 후 2006년에 《애틀랜틱》의 편집장이 되어 이 잡지를 다시 흑자로 끌어올렸다. 베넷이 언론인으로 이룩한 가장 큰 성공은 흑인 작가 타네히시 코츠의 《애틀랜틱》 표지 기사를 실은 일이었다. 기사에서 코츠는 미국 노예의 후손에게 배상을 요구했다. 그는 이 일로 오늘날까지 계속 논쟁을 불러일으킨다.

베넷 같은 사람이 하루아침에 해고당하는 일이 어떻게 가능할까? 2020년 6월, 조지 플로이드 살해 이후 미국 도시에서 일부 폭력적인 폭동이 일어나는 가운데, 공화당 의원 코튼의 칼럼이 '군대를 투입하라'는 제목으로 〈뉴욕타임스〉에 실렸다. 칼럼에서 코튼은 군대를 시내로 보내 폭력을 진압하라고 요구했고, 이 의견에 당시 미

국 유권자 과반이 동조했다.[8]

　물론 난폭하기로 악명 높은 코튼 같은 사람의 칼럼을 싣는 것이 과연 〈뉴욕타임스〉의 과제인지 토론할 수 있다. 그리고 이 칼럼을 읽어보지 못하고 실었다는 해명은 베넷에게 전혀 도움이 되지 않았다. 사실 이게 베넷의 해고 사유는 아니었다. 수많은 관중에게 연설할 수 있는 장소를 아무런 저항 없이 코튼에게 제공했다는 주장과 함께 동료들이 그에게 등을 돌렸기 때문이다. 또한 그에게 등을 돌린 동료들은 이 칼럼이 미국 도심의 폭동을 보도한 기자들의 안전을 위협한다고 주장했다. "이 칼럼의 게재는 〈뉴욕타임스〉의 흑인 직원을 위험하게 한다." 〈뉴욕타임스〉 편집자 제나 워댐이 쓴 이 글은 트위터에서 2만 5천 개 이상의 '좋아요'를 받았다.[9]

　자세히 살펴보면 두 가지 주장 모두 다소 황당한 이의제기다. 지금까지 〈뉴욕타임스〉는 의심스러운 평판을 받는 정치인에게도 계속해서 발언 기회를 줬다. 러시아 대통령 블라디미르 푸틴에게도, 아프가니스탄 군벌이자 탈레반 2인자인 시라주딘 하카니에게도. 2020년 2월에 하카니는 〈뉴욕타임스〉에 다음과 같이 썼다. "탈레반은 아프가니스탄의 모든 목소리를 반영하고 어떤 아프간인도 소외감을 느끼지 않는 포괄적 정치체계를 추구한다." 2021년 여름 미군 철수 후 탈레반이 여성들에게 부르카 착용을 강요한 뒤로, 서구 지향적인 아프가니스탄 여성은 분명 이 기사를 떠올리며 위안을 삼았을 터다.[10]

　코튼의 사설이 저널리스트의 안전을 위협한다는 주장은 더욱 황당하다. 그것은 틀린 주장이다. 전혀 위협하지 않는다. 중무장한

군인이 미국 도심으로 이동하면 기자들이 전선 사이에 끼일 것은 자명하다. 그러나 의견을 밝히는 결정적 기준이 기자들의 안전이라면 신문사는 모든 미군 투입에 반대해야 마땅하다.

여기에 베넷 사건을 아주 상세하게 쓰는 이유는 이 사건이 미국 진보 언론 역사의 갈림길이기 때문이다. 편집장 바케이의 뒤를 이을 유력한 후보로 통했던 베넷이, 의견 통로를 좁게 정의하려는 내부 파벌의 희생자가 되었다. 베넷은 의견 스펙트럼을 넓히는 오피니언리더로서 특별히 영입되었다. 비록 신문사 대표가 베넷의 해고가 정치와 무관한 것처럼 보이게 하려고 애썼지만, 이제 하나의 메시지가 신문사의 모든 기자에게 명확해졌다. 애매할 때는 같이 근무하는 독단주의자들과는 엮이지 않는 편이 더 낫다!

독일에서도 저널리즘의 미래를 다투는 싸움은 부분적으로 세대 갈등이다. 한편에는 40세 이상의 편집자와 기자들, 의견 다양성이라는 사상과 신념을 갖고 성장한 사람들, 공개 토론에서 최고의 주장을 관철할 사람들이 있다. 그리고 다른 한편에는 의견 대립이 발전을 가져온다는 옛 진보적 격언을 적어도 부분적으로 더는 믿지 않는 젊은 편집자 세대가 있다. '거짓균형'*을 통해 소위 과학적 근거가 뒷받침하는 진보적 관점을 관철해야 하는 상황이다. 〈뉴욕타임스〉가 코튼과 베넷을 둘러싼 논란을 직접 보도하고 비판적 목소리에도 발언 기회를 준 것은 인정해줘야 한다. 베넷이 〈뉴욕타임스〉

---

*   대립하는 두 의견이 있을 때 과학적 근거나 합리적 판단이 아니라 기계적 중립을 취하는 것이 더 중요하다고 여기는 언론매체의 편향

의 지면을 허락했던 보수 논객 브렛 스티븐스가 베넷의 해고가 얼마나 엄청난 신호를 보냈는지 썼다. "지적으로 조금만 대담해도, 새로운 정통성에서 조금만 벗어나도 직업적 파멸에 이르는 분위기라면, 진지한 저널리즘과 활발한 의견 교환은 번성할 수 없다." 그의 동료 로스 두댓이 흥미로운 상황을 지적했다. 〈뉴욕타임스〉의 뉴스룸은 점점 더 다양해지지만 동시에 신문의 의견 스펙트럼은 점점 좁아진다는 것이다.[11]

〈뉴욕타임스〉는 여전히 여러 분야에서 표준을 정한다. 2021년 1월 6일의 의사당 습격 사건을 매우 상세하게 취재했고, 외신 보도는 여전히 매우 인상적이다. 그러나 〈뉴욕타임스〉가 맥닐이나 베넷의 사례에서 사실과 주장을 따르지 않고 뉴스룸에서 목소리를 높이는 소수의 의견과 소셜미디어에서 증폭된 분위기에 휘둘린다면, 이미 압박을 받고 있는 분야에 치명적 영향을 미칠 수밖에 없다. 저널리즘의 신뢰도는 독립성과 비판적 거리두기에 달려 있다. 무엇보다 정치인과 정당뿐 아니라 트렌드와 사회에 퍼진 도그마에서 거리를 둬야 한다. 트럼프는 분노를 조장하고 이를 자기에게 유리하게 이용했다. 〈뉴욕타임스〉는 그 문제를 여러 기사와 칼럼에서 다뤘다. 그러나 바로 그 신문이 일부 좌파의 비합리성에 이끌려 스스로 '취소 문화'가 우파의 유령이 아니라는 최고의 사례가 된다면, 이런 기사와 칼럼이 과연 얼마나 신뢰를 얻을까?

토론이 점점 더 디지털 필터버블 안에서 벌어지는 것은 우리 시대의 큰 문제다. 독일이 '인종반전Umvolkung' 직전에 있다거나 빌 게이츠가 코로나 백신을 빙자하여 사람들에게 칩을 심는다고 믿는 사람은 매일 페이스북과 트위터에서 자신의 확신을 재확인받을 수 있다. 인터넷 시대에 진지한 언론이 해야 할 공헌은 사실과 음모론을 분리할 뿐 아니라 열린 논쟁을 조직하여 사회분열을 막는 것이다. 그러나 그러기 위해서는 다른 의견도 견뎌야 한다. 그것이 필수다. 현재 미국에는 특히 보수적 목소리를 내는 기자들이 거대 언론사를 떠나 서브스택 같은 인터넷 포털에서 개인사업자로 활동하는 위험한 트렌드가 퍼져 있다. 보수 성향의 저널리스트이자 전《애틀랜틱》 기고가였던 앤드류 설리번이 한 사례다. 그러나 2016년 11월 대통령 선거 결과에 충격을 받은 〈뉴욕타임스〉가 데려왔던 칼럼니스트 바리 와이스도 마찬가지였다. 와이스는 2020년 여름에 아주 당당하게 〈뉴욕타임스〉를 떠나면서 이렇게 지적했다. "이 신문은 선거에서 배웠어야 할 교훈(다른 미국인의 말에 귀 기울이고 무리의 생각에 저항하기)을 실천하지 않았다. 그 대신에 전체 언론에서, 어쩌면 특히 이 신문에서 새로운 합의가 형성되었다. 진리는 전체 과정에서 발견되지 않고, 소수의 깨달은 사람이 의무적으로 다른 사람에게 전파하는 새로운 정통성에서 형성된다는 것이다."

와이스의 퇴사를 뛰어난 '홍보 기술'로 여길 수 있다(실제로 그렇기도 했다). 그러나 진보좌파 성향의 언론사 분위기에 대한 와이스의 비판은 정곡을 찌른다. "도널드 트럼프가 국가와 세계에 얼마나 독특한 위험인물인지 고발하는 4천 번째 칼럼 게재가 우리의 직업을 더 안전하게 하고 클릭 수를 올린다면, 굳이 독자에게 도전하는 기사를 발행할 이유가 있을까?"[12]

독일에도 비슷한 역학이 존재한다. 2020년 선거 기간에 나는 미국에서 동료들과 함께 트럼프 기사 대여섯 개를 썼다. 우리는 그를 거짓말쟁이와 민주주의의 적으로 불렀고, 그가 성냥으로 나라를 불태우고 산탄총으로 백악관을 방어하는 모습을 표지사진으로 실었다. 나는 이것이 옳았다고 확신한다. 나는 동료들이 이 기사를 너무 과장되었다고 생각한다거나 트럼프에게도 더 객관적 평가를 받을 자격이 있다는 얘기를 들어본 적이 없다.

그러나 지금도 여전히 페미니스트의 트위터에서는 내가 15년 전에 이른바 '젠더 주류화'가 어떻게 산더미 같은 서류를 만들었는지*를 다룬 기사와 함께 내 이름이 언급된다. 이 기사가 발행되고 몇 달 뒤, 직업 상담사였던 당시 이웃이 내게 베를린대학에서 학생들에게 저널리스트가 되려면 어떻게 해야 하는지 말해달라고 부탁했고, 그 후 그는 나 같은 반동분자를 초대한 것을 사과하고 해명해야 했다. 내가 이 모든 얘기를 여기에 쓰는 것은 불평을 하거나 더 나아가 '취소 문화'의 희생자로 나를 드러내기 위해서가 아니다. 논란을 일으킬 수 있는 기사를 내가 제안했을 때, 어떤 편집장도 미간을 찌푸린 적이 없다. 모든 사람이 그렇듯이 저널리스트 역시 기꺼이 칭찬을 듣고 싶고 애매한 경우 독자의 모호한 의견보다 동료의 인정을 더 중시한다.

저널리스트의 가장 정확한 클리셰는 중도좌파 성향인 것 같다. 뮌헨 기자 학교의 30명 동급생 중 단 한 명만이 보수 정당인 기민연

---

* 젠더 주류화 이후, 그동안 남성명사로 사용되던 대표명사를 중성명사로 수정해야 했다. 그 때문에 수많은 행정 서류 변경이 불가피했다.

에 공감했다. 2020년 말에 독일 국영방송 ARD와 독일 라디오의 자원봉사자를 대상으로 설문조사를 했는데 57퍼센트가 녹색당에 투표했고, 23퍼센트가 좌파 쪽으로 기울었다. 5퍼센트 미만이 기민연이라고 답변했다. 이 설문조사가 화제가 되자 곧바로 설문 결과를 조심해서 다뤄야 한다는 말이 나왔는데, 자원봉사자 총 150명 가운데 약 절반만이 정치적 성향을 묻는 질문에 답했기 때문이다.

그러나 마인츠의 커뮤니케이션 학자 그레고르 다쉬만이 NDR 방송국에 말했다. "독일 저널리스트의 정치 성향은 전체 국민의 정치 성향과 일치하지 않습니다. 우리는 이미 40년 전부터 그걸 알고 있었습니다."[13] 2005년 여론조사를 보면, 독일 언론인의 35.5퍼센트가 녹색당, 26퍼센트가 사회민주당(사민당), 8.7퍼센트가 기민연을 지지했다.[14] 미국에서는 더욱 명확하다. 1971년에 미국 언론인의 26퍼센트가 공화당 지지자였다. 2013년에는, 그러니까 트럼프가 집권하기 오래전에는 7.1퍼센트에 불과했다.[15]

언론인이 주로 진보적인 일에 의무감을 느끼는 것은 분명 직업적 특성 때문일 것이다. 대학을 졸업한 후 언론인이 되기로 결심하면, 소득 전망이 다소 제한적이므로 물질 그 이상의 동기를 찾아야만 한다. 로펌에서 일하거나 거대 제약회사 관리직에 종사하는 친구들과 재정적으로 보조를 맞추기는 힘들지만, 그 대신 기후변화와 인종차별에 맞선 투쟁에 공헌한다는 뿌듯한 마음으로 출근한다.

이런 현상은 대학에서 범람하여 언론으로 넘어온 행동주의를 통해 더욱 강화된다. 조지 플로이드 살해 이후, 흑인 퓰리처상 수상자 웨슬리 로워리는 언론의 객관성은 시대에 맞지 않는 개념이고,

이제 그 자리를 '도덕적 명료성'이 대체해야 한다고 썼다. 로워리는 분명 '도덕적 명료성'이 공산주의나 이슬람 테러에 맞선 투쟁에 필요한 결단력이 부족하다며 미국 우파가 좌파를 공격하는 데 수십 년 넘게 사용한 용어라는 점을 전혀 의식하지 않았을 터다. 그러나 로워리의 글은 편파성이 언론의 미덕이 되면 용어들이 얼마나 쉽게 상호 교환될 수 있는지 보여준다.[16]

로워리가 미국에 요구한 것을 독일에서 《슈테른》이 아주 모범적으로 실천했다. 이 잡지는 2020년 9월에 로비 단체 '미래를 위한 금요일'의 활동으로 생겨난 해시태그 '#KeinGradWeiter'*와 함께, 기후변화에 관한 표지 기사를 발행했다. 편집장이 서문에 썼다. "기후위기에 관한 한, 《슈테른》은 중립적이지 않다."[17] 《슈테른》과 더불어 《슈피겔》 역시, 언제나 중립적으로 보도하고 정치적 전투에 절대 개입하지 않는 듯 행동하는 것은 위선일 것이다. 두 잡지는 빌리 브란트의 동방정책을 지지했다. 《슈테른》은 낙태 합법화를 촉구했고, 헬무트 콜이 총리가 되기 전부터 이미 그에 대한 반대 분위기를 조성했다. 그러나 정책을 지지하는 것과 정치 로비 조직, 특히 미래를 위한 금요일같이 논란이 되는 조직에 좌지우지되는 것은 별개의 문제다. 미래를 위한 금요일 활동가들은 2021년 가을에 사민당 당사 '빌리 브란트 하우스' 앞에서 장래의 신호등 연정** 계획에 반

---

*   Kein Grad Weiter, 지구 온도가 조금도 오르면 안 된다는 뜻

**   사민당(빨강), 자민당(자유민주당, 노랑), 녹색당(초록)의 연합정부. 각 당의 상징색 때문에 신호등 연정이라 불렸다.

대하는 시위를 하면서, 온라인에 '누가 우리를 배신했는가……'라는 태그와 함께 시위 사진을 게시했다. 공산주의자와 나치가 바이마르공화국의 사회민주주의자를 향해 던진 조롱 문구가 떠오른다. 물론, 활동 단체의 모든 단어를 일일이 황금 저울에 올릴 필요는 없다. 다만 묻고 싶다. 관심을 끌기 위해 모든 저널리즘 원칙을 버리는 것이 과연 저널리즘에 좋은 일일까?

미국의 정치 문화 쇠퇴는 저널리즘 원칙의 포기와 밀접한 관련이 있다. 그것은 우파에서 시작되었다. 급진적 편파성과 진실 왜곡으로 수백만 청중을 확보한 라디오 진행자 러시 림보 같은 난동자들에게서 시작해 루퍼트 머독으로 이어졌다. 루퍼트 머독은 극악무도한 천재성으로 폭스뉴스 같은 우파 포퓰리즘 방송이 먹힐 틈새시장이 미국에 있다는 사실을 알아차렸다.

그러나 무조건적 편파성은 금세 언론 환경의 대부분을 차지했고 트럼프 임기 동안 절정에 달했다. 이 시기에 FOX와 좌파 성향에 가까운 CNN과 MSNBC 사이를 오가며 채널을 돌렸던 사람이라면, 이들이 완전 반대인 두 우주에서 보도한다고 생각했을 터다. CNN과 MSNBC가 FOX와 달리 최소한 탄탄한 사실을 기반으로 보도하려 노력한 것은 인정해줘야 한다. 그러나 그들의 사업 모델은 근본적으로 우파 경쟁사와 크게 다르지 않았다. 그들의 사업 모델 역시 정치적으로 확신에 찬 공동체를 그들의 관점으로 강화하는 것을 기반으로 했다. 그렇게 보면, 미국 좌파의 여주인공인 MSNBC의 레이첼 매도는 매일 저녁 겁에 질린 눈으로 '깨어 있는' 미국의 최근 광기를 보도하는 터커 칼슨의 정확한 대칭이다.

언론에서 편파성은 필연적으로 실수로 이어진다. 코로나바이러스가 중국 실험실의 사고로 전 세계에 퍼졌을 가능성을 가장 먼저 얘기한 사람이 공화당 의원 코튼이었다. 〈워싱턴포스트〉 같은 진지한 언론은 이 발언을 처음부터 어처구니없는 정치적 시선 끌기라고 일축했다. 조 바이든 대통령이 정보국에 이른바 '실험실 유출' 주장을 조사하라고 지시할 때까지는 그랬다.

거대 기성 언론이 인터넷의 필터버블 논리를 따르기로 한다면, 도대체 어떻게 진정한 토론을 조직할 수 있을까? 언론의 미래를 둘러싼 모든 토론에서 현재 가장 중요한 것은 다양성이다. 그러나 다양성의 표제 아래 거의 포함되지 않는 것이 바로 의견 스펙트럼이다. 여기에는 독자들의 의견도 거의 반영되지 않는다.

독일저널리즘학교 58기 편집팀의 공개서한은 미디어 산업의 자기 봉쇄를 인상적으로 보여준다. 독일저널리즘학교는 함부르크의 헨리난넨학교와 더불어 독일에서 가장 중요한 언론인 양성 학교에 속한다. 나 역시 1990년대에 그곳에서 저널리스트 교육과정을 마쳤다. 학생들은 공개서한에서 나이 든 언론인이 여전히 '성평등 언어'* 사용을 거부한다고 지적했다. 여기서 흥미로운 것은 학생들의 요구 자체가 아니라 다른 의견은 생각할 수조차 없다는 그들의 확신이었다. 이 공개서한에서는 완고한 조부모에게 마지막으로 좋

---

* 독일어에는 남성형 명사와 여성형 명사가 따로 있다. 예를 들어 Lehrer(남교사), Lehrerin(여교사)이 따로 있는데, 일반적으로 교사를 지칭할 때 남성형 명사를 대표형으로 쓴다. 성평등 언어란 교사를 지칭할 때 남녀 교사 모두를 지칭하도록, Lehrer가 아니라

게 말하려 애쓰는 짜증 난 손자의 어투가 느껴진다. "당신들이 성평등에 반대하는 이유를 제발 좀 제대로 깊이 생각해보세요. 이 주제를 깊이 고민해보긴 한 겁니까? 성평등 주장에 동의하지 않는 건가요, 아니면 그냥 고집을 부리는 건가요? 어쩌면 몇몇은 이 글을 읽고 성평등 언어를 위해 투쟁해야 하는 이유를 다시 한번 깊이 생각하겠죠. 그러지 않는다면, 당연히 유감스러운 일이지만, 그렇다고 심각한 일도 아닙니다. 당신들 베이비붐세대 대부분은 이미 늙었고 언젠가는 물러날 테니까요. 점차 다른 세대가 편집팀에 오고 더 많은 사람이 성평등 언어를 쓸 겁니다. 그러면 당신들은 남성형 표현으로 가득한 분노의 편지를 편집팀에 자유롭게 쓰겠죠. 하지만 아무도 그것에 관심을 두지 않을 겁니다."[18]

이 글을 읽으면, 남성형과 여성형을 같이 표기하는 성평등 언어를 사용하지 않고 기존 방식대로 계속 남성형만 사용하는 것이 노령 근로 단축제를 반대하는 완고한 편집자 몇 명에게만 해당한다는 인상을 받을 수 있다. 그러나 설문조사는 그 반대를 보여준다. 인프라테스트가 시행한 2021년 5월 설문조사를 보면, 독일인의 65퍼센트가 이런 형태의 성평등 언어를 거부했다. 젊은 세대에서도 찬성이 과반이 넘지 않았다.[19]

소수를 위해 싸우는 것은 논객의 권리다. 다만 현실을 먼저 인식하는 것이 저널리즘이다. 모든 반대 의견을 자격 미달의 반사적 세계관에 불과하다고 치부한다면, 도대체 어떻게 대규모 언어 수술

LehrerInnen 또는 Lehrer*innen을 쓰자는 것이다.

을 독자에게 설득할 수 있겠나?

현재 미국 일부 언론사에는 사이비 종교에서나 볼 수 있을 과격화 경향이 있다. 극히 작은 실수조차 가장 가혹하게 처벌된다. 예를 들어, 알렉시 맥캐먼드는 언뜻 보기에 완벽한 이력을 가졌다. 그녀는 저소득층 자녀를 위한 장학금으로 대학을 다녔고 《코스모폴리탄》의 기고가였으며, 뉴스 포털 〈악시오스〉에 입사하여 2020년 대통령 선거를 보도했다. 2019년에는 미국 흑인언론인연맹에서 올해의 신입 인재상을 받기도 했다.

2021년 봄에 콘데나스트 출판사가 그녀를 《틴 보그》 편집장으로 영입했을 때, 불행이 시작되었다. 당시 출판사 대표는 맥캐먼드가 열일곱 살 때 트위터에 아시아 여성과 동성애자를 멸시하는 글을 올린 일을 이미 알고 있었다. 맥캐먼드는 2019년에 이미 8년 전의 이 일을 사죄하고 글을 삭제했다. 이 일은 철없던 시절의 잘못으로 마무리된 것 같았다.

그러나 《틴 보그》의 채용 소식이 알려지자마자 옛날 글의 스크린숏이 다시 등장했고, 맥캐먼드의 장래 동료들이 편집장 채용 반대 운동을 시작했다. 《틴 보그》는 특히 화장법 소개로 유명하다("이 신상 눈썹 젤은 틱톡에서 난리예요"). 그러나 편집팀의 자기 이해는 10대들의 클릭 머신이 아니라 어둠의 가부장제 세력에 맞서는 선구자였다. 《틴 보그》 직원들이 트위터에 글을 게시했다. 그 전문을 여기에 그대로 옮길 필요가 있을 것 같다.

"20명이 넘는 《틴 보그》 편집자들은 그동안 정의와 변화의 목소리라는 우리 잡지의 평판을 쌓아왔다. 우리의 작업이 포용의 분위기를 만들었다는 사실에 우리는 대단한 자부심을 느낀다. 그러므로 우리는 과거에 인종차별 및 동성애 혐오 트윗으로 논란을 일으킨 알렉시 맥캐먼드를 우리의 새 편집장으로 채용하는 문제에 관해 콘데나스트 경영진에 편지를 보냈다. 우리는 독자들의 우려를 듣는다. 그리고 우리는 그들 편이다. 아시아인에 대한 폭력이 사상 최고조이고 LGBTQ 커뮤니티의 투쟁이 계속되는 때에, 우리는《틴 보그》의 편집자로서 이런 분노스러운 일을 단호히 거부한다. 우리는 내부 토론이 결실을 맺고, 독자들이 우리에게 기대하고 인정하는 무결성을 보호할 거라고 확신한다."

이 글에서 어떤 것이 더 기괴한지 우열을 가리기 어렵다. 편집자가 10대 소녀의 트윗을 재판하는 과도한 심각성? 아니면 독자의 의견 뒤에 숨는 편집자의 비겁함? 그러나 이 글이 효과를 낸 것만은 확실하다.

맥캐먼드는 최강도의 자책으로 자신의 경력을 구하려 애썼다. 이런 상황에서 '가짜 사과'로 스캔들에서 벗어나려 한다는 비난보다 더 치명적인 것은 없을 테니까. 맥캐먼드는 자신을 비판하는 사람들이 철없던 시절의 실수라는 변명에 결코 진정되지 않을 것을 명확히 알았다. 맥캐먼드가 2019년에 자신의 트위터에 사죄의 글을 올리면서 "감수성이 매우 부족했다"라고 표현했을 때, 그녀는 인종차별을 무해한 일처럼 표현했다는 비난을 받았다.

이제 맥캐먼드는 다음과 같이 해명했다. "나는 인종차별적이고 동성애 혐오적 트윗에 대해 이미 사죄했지만, 이런 끔찍한 고정관념을 부추긴 것은 변명의 여지가 없으므로 다시 한번 더 깊이 반성합니다." 온라인 포털 〈더 데일리 비스트〉가 보도했듯이, 맥캐먼드는《틴 보그》편집팀에 메일을 보냈지만 자신이 사용한 어휘에 대해서는 사과하지 않았다. "나는 언론인으로서 배운 어휘들을 더 다양하고 더 정의로운 세상에 기여하는 데 사용하기로 결정했습니다." 그러나 어떤 노력도 아무 소용이 없었다.《틴 보그》편집팀의 분노에 더하여 두 화장품 회사가 잡지사 직원을 둘러싼 헤드라인에 우려를 표하며 일단 광고를 취소했을 때, 맥캐먼드의 운명은 결정되었다.[20]

《틴 보그》의 소동을 익살극쯤으로 여길 수도 있겠지만, 이 사건은 미국 진보 성향 매체의 여러 잘못을 보여준다. 오래전에 저지른 실수에 대한 과도한 재판, 주장을 분노로 표출하기, 일부 트윗을 '독자' 의견으로 혼동하여 무한 피드백 주기, 경영진에 압력을 가하는 편집팀의 행동주의.

그렇게 보면 맥캐먼드의 사례는 〈뉴욕타임스〉에서 벌어진 사건과 크게 다르지 않다. 편집장 바케이가 과학팀 편집자 맥닐을 해고한 것은 단지 맥닐이 '니그로'라는 단어를 사용하는 실수를 저질렀기 때문이 아니다. 맥닐이 밝혔듯이, 바케이는 "뉴스룸을 잃을 수도 있기 때문에" 더는 버틸 수가 없었다. 말하자면 편집장은 편집팀 직원들의 요구에 굴복하여 맥닐 해고를 단행했다. 맥닐은 충분히 타당한 질문을 제기했다. "언제부터 우리에게 누구와 일할지 선별할 권한이 있었죠?"

"편집장이 폭도들에게 굴복했다고 생각하는 사람이 많습니다." 거의 모든 동료와 마찬가지로 이름을 밝히고 싶어 하지 않은 〈뉴욕타임스〉 직원이 내게 말했다. 바케이는 나의 인터뷰 요청에 답하지 않았다.

어찌 보면 〈뉴욕타임스〉는 미국을 분열시키는 갈등에 휘둘렸다. 트럼프는 거짓말과 언사로 나라를 양극화했지만 좌파의 독단주의도 나라를 다시 합치기 힘들게 하는 데 일조했다. 〈뉴욕타임스〉의 새로운 지도부가 이 문제를 인식했다는 징후가 있다. 2022년 6월에 조셉 칸이 새로운 편집장으로 왔다. 그는 첫 번째 인터뷰에서 직원들이 트위터에 시간을 덜 쓰기를 소망한다며, 이는 직원들이 트위터의 댓글을 대중의 의견으로 혼동하는 안 좋은 결과를 낳기 때문이라고 밝혔다.[21]

다만 문제는 이런 소망이 얼마나 이루어질 것인가이다. 맥닐 해고 뒤에, 정치학자 뭉크는 〈뉴욕타임스〉의 리더십 부족이 자신을 가장 혼란스럽게 한다고 내게 말했다. "맥닐이 해고된 것은 독자들이 그의 해고를 원했기 때문이 아니라 천 명이 넘는 직원들 가운데 겨우 150명이 해고를 요구했기 때문입니다." 2020년 봄에 내부 설문 조사가 있었고, 회사에서 더는 공개적으로 의견을 말할 수 없을 것 같다고 편집자 절반이 응답했다. 뭉크가 말했다. "언론인조차 자신의 의견을 더는 밖으로 표출할 수 없다고 고백한다면, 이 신문의 열혈 독자인 나는 앞으로 어떻게 계속 이 신문의 기사를 신뢰할 수 있을까요?"

데이비드 쇼어

현실 감각을 잃은 좌파

2020년 5월 28일 15시 29분. 데이비드 쇼어는 인생에서 아마도 가장 불운한 글을 트위터에 올렸다. 경력이 끝장날 수도 있다는 걱정이 바로 들기는 어려운, 다음과 같은 글이었다.

"마틴 루서 킹 주니어 암살 이후 인종 폭동은 주변 구역의 민주당 지지율을 2퍼센트 정도 떨어트렸고, 그 결과 1968년 대통령 선거가 닉슨에게 유리하게 기울었다. 반면 비폭력 시위는 민주당 지지율을 높인다. 비폭력 시위는 엘리트들의 우호적 토론과 언론의 우호적 보도를 유도하기 때문이다."[1]

다소 긴 이 트윗은 프린스턴대학의 흑인 강사 오마 와소의 연구 내용을 요약한 것이었다. 와소는 1968년 4월에 마틴 루서 킹 주니어가 살해된 후 미국에서 일어난 폭력적 폭동이 민주당에 얼마나 큰 피해를 줬는지를 인상적으로 입증했다. 1968년 대통령 선거 때 이 폭동이 헤드라인과 정치 담론을 결정했고, 공화당 대통령 후보 리처드 닉슨은 이를 자신을 '법과 질서'의 남자로 드러낼 기회로 삼았다. 폭력 시위가 없었더라면 닉슨의 민주당 경쟁자 휴버트 험프리가 다섯 주를 더 확보했을 거라고 와소는 주장했다. 델라웨어, 일리노이, 미주리, 뉴저지, 오하이오. 다섯 주면 민주당이 백악관을 차지하기에 충분했다는 것이다. 오늘날 모두가 알듯이 민주당은 백악관을 차지하지 못했다.[2]

민주당의 승리를 위해 평생을 바친 쇼어 같은 사람에게는, 2020년 5월에 조지 플로이드가 백인 경찰관의 손에 폭력적으로 죽임을 당한 이후 와소의 연구 내용을 언급하는 것이 자연스러운 일이었으리라. 조지 플로이드 사건 이후 실제로 수많은 미국 도심에서 폭력 시위가 벌어졌기 때문이다. "시작은 조지 플로이드를 위한 평화시위였으나 곧 무차별적 약탈과 테러로 변했습니다." 조지 플로이드의 도시 미니애폴리스의 시장 제이콥 프레이가 설명했다. 폭력은 애틀랜타와 뉴욕 같은 대도시로도 번졌고, 그 결과 트럼프는 다시 1968년 닉슨처럼 자신을 법과 질서의 보호자로 드러낼 기회를 얻었다.

쇼어는 플로이드가 죽은 뒤 사흘째 되는 날, 시위의 물결이 절정에 달했을 때 트윗을 올렸다. 이때 쇼어는 겨우 20대 후반이었지만 이미 미국 선거전의 베테랑이었다. 쇼어는 2012년에 오바마의 재선을 도왔다. 그리고 좌파 컨설팅 회사인 시비스 애널리틱스에 고용되었다. 이 수학자의 전문 분야는 여론조사 자료의 심층 분석이다. 뉴욕의 한 카페에서 만나더라도, 쇼어는 오바마가 두 번이나 대통령 선거에서 이긴 이유를 설명해주는 모든 데이터를 머리에서 곧바로 뽑아낼 수 있으리라.

그러나 활동가 쇼어의 트윗이 '흑인 목숨은 소중하다' 운동을

데이비드 쇼어   현실 감각을 잃은 좌파

공격한다는 오해를 받았을 때, 이 모든 것은 아무 소용이 없었다. 흑인 정치 컨설턴트 아리 트루히요 웨슬러가 "흑인의 분노와 슬픔을 '민주당의 형편없는 선거 전술' 문제로 축소하는 것은 언제나 헛소리지만, 이번 주에는 특히 잔혹하다"라고 트윗에 올렸다. 쇼어는 오로지 과학적 사실을 말하려 했다고 차분하게 해명했다. 트루히요 웨슬러가 반박했다. "내가 연구 자료도 읽지 않고 무슨 얘기인지도 모른 채 당신의 냉혹함을 비난한다고 생각하는 건가? 나는 오마 와소의 논문을 엉성하고 실망스럽다고 여기지만 지금은 그것이 요점이 아니다. 당신은 당신의 두려움과 '지성'을 흑인에 반대하는 분개의 수단으로 사용하는 것을 중단해야 한다." 그다음 트루히요 웨슬러는 이 트윗을 쇼어의 상사에게도 보냈고 덧붙여 썼다. "아이 단속 좀 해라." 이후 쇼어는 직장을 잃었다. 시비스 애널리틱스는 쇼어가 해고된 이유를 묻는 질문에 무반응으로 일관했다.[3]

이 사건은 잘 짜인 분노의 논리가 인터넷에서 어떻게 작동하는지를 돋보기처럼 보여준다. 쇼어의 비판자들은 어디에서도 쇼어의 주장에 답하는 수고를 들이지 않았다. 그 대신에 흑인 시위가 선거전에 어떤 영향을 끼칠 수 있느냐만 보는 것은 인종차별적이고 냉정하고 잔혹하다고 불평했다. 여러 이유에서 한심한 소리다. 백악관을 건 경주에서 현재 상황이 어떤 영향을 미칠 수 있는지 숙고하는 것이 정치 컨설턴트의 당연한 임무이기 때문이다. 그런데도 쇼어를 비판하는 사람들은 억압된 소수의 목소리인 '흑인 목숨은 소중하다' 운동을 절대 비판해서는 안 된다고 요구했다.

최근 미국 역사상 가장 인종차별적인 대통령이 재선에 도전하는 상황에서, 이런 요구는 터무니없다. 인종차별적 대통령의 재선을 막는 데 모든 힘을 집중하는 것보다 더 중요한 게 무엇이란 말인가? 그러나 이 주장은 쇼어의 사례에서 힘을 발휘하지 못했다. 쇼어의 고용주는 자기 업무를 충실히 했을 뿐인 직원을 옹호하기보다 인터넷의 분노에 굴복하기를 선택했다. 쇼어는 정치 전문가의 시선을 유지했기 때문에 직장을 잃어야 했다. 그러나 그의 사건은 또한 좌파 진영이 현실 감각을 잃는 것이 얼마나 자기 자신에게 해로운지를 잘 보여준다.

쇼어를 만나보면 왜 그가 특정 부류에게 욕을 먹는지 금세 알 수 있다. 그는 이전 고용주와 기밀 유지 계약을 체결했기 때문에 2020년 여름에 벌어진 사건을 이야기해서는 안 된다. 그러나 왜 트럼프 같은 남자가 백악관을 차지할 수 있었고, 왜 민주당은 여전히 그곳에서 잘못된 결론을 내리는지 숙고하는 것은 아무도 막지 못한다.

쇼어는 민주당의 미래를 어둡게 보았다. 당이 느끼는 잘못된 안도감이 어쩌면 가장 큰 위험이라고 생각했다. 대통령 선거에서 바이든의 득표율은 51.3퍼센트였다. "51퍼센트였더라면 선거에서 졌을 겁니다." 신문 보도는 바이든이 압도적 승리를 거뒀다는 착각을 불러일으키기 쉽다. 8천 백만 표 이상, 지금까지 그렇게 많은 표를 받은 대통령은 없었다! 트럼프보다 7백만 표가 더 많다! 선거인단 306명! "그러나 조지아, 위스콘신, 애리조나, 펜실베이니아 등 일련의 주에서 바이든은 겨우 과반을 넘겨 승리했다"고 쇼어가 말했다. 예를 들어 코로나 백신이 2주만 일찍 승인되었더라도, 어쩌면 트럼프가 선거에서 이겼을 확률이 매우 높았다는 것이다.

쇼어의 관점에서 보면, 민주당의 약점은 네 가지 큰 오해에서 비롯되었다. 첫째, 일부 당원은 미국 전체가 워싱턴 DC나 뉴욕 또는 로스앤젤레스처럼 좌파를 지지하리라 생각했다. 큰 착각이다. 미국인의 약 40퍼센트가 자신을 보수라고 여겼고, 40퍼센트가 중도, 단 20퍼센트만이 좌파라고 답했다. 쇼어는 "소수를 위한 정당이라는 이미지를 지금 민주당에 부여하려 한다면 실패할 수밖에 없습니다"라고 말했다.

두 번째 오해는 미국인이 민주당의 가치관을 공유했기 때문에 2020년 대통령 선거에서 민주당이 이겼다는 것이다. "완전히 틀렸습니다. 과거에 미국인이 중도좌파를 선택한 유일한 이유는 우리가 사람들의 삶을 물질적으로 개선하겠다고 약속했기 때문입니다. 의료보험에 관한 일이면 사람들은 민주당을 지지합니다. 교육과 환경에 관한 일이면 민주당을 신뢰합니다. 그러나 이민, 군대, 치안 문제에서는 공화당을 지지합니다. 여기에 우리의 약점이 있습니다. 만약 우리가 경찰 폐지나 불법 입국의 비범죄화, 중산층의 극단적 세금 인상을 얘기하기 시작하면, 공화당은 다음 선거에서 승리하고 민주당을 파괴할 기회를 얻을 겁니다."

세 번째 큰 오해는 트럼프가 2016년에 승리한 이유가 그의 특별한 정치적 카리스마 때문이라는 것이다. 쇼어는 이 역시 틀렸다고 말한다. 트럼프가 승리한 까닭은 그가 거대한 포퓰리즘 정책을 처방으로 가지고 나와서인데, 이를테면 그는 이민에 강경하게 반대하는 동시에 사회복지 제도 축소에 반대했다. "아주 많은 미국인이 이런 태도를 가지고 있습니다. 그러나 정당 체제 구조상 정치권에는 그런 입장을 취하는 사람이 극소수입니다. 트럼프는 탁월한 정치 감각으로 말했어요. '나는 그런 거에 신경 안 쓴다. 나는 그저 인기를 얻는 말만 한다.' 자신을 인종주의자로 드러내고 인종차별적 발언을 해서 유색인종 유권자들 사이에서 정치적 대가를 치를 거라고 많은 사람이 생각했습니다." 그러나 선거 결과는 다른 말을 했다.

네 번째 오해는 트럼프가 유색인종 유권자를 민주당의 품으로 몰아주었다는 것이다. 쇼어는 이것이야말로 현실에서 가장 멀리 떨어진 진단이라고 말했다. 심지어 트럼프는 2020년 11월에 라틴계와 흑인들 사이에서 2016년보다 더 많은 지지를 받았다. 다년간 민주당은 보수적 견해를 가진 흑인과 라틴계 유권자조차 자기편으로 확보할 수 있었다. 이제 그 시절은 끝났다. 이제 이민 증가 반대에 더하여 법과 질서라는 정치적 목표가 같다는 이유로 공화당을 지지하는 보수적인 유색인종 유권자들이 증가했다. 이것이 민주당의 존립을 위협한다. "좌파가 늘 꿈꿔왔던, 노동자 계층 유권자의 다인종 연맹 결성을 공화당이 해내고 있습니다."

이런 분석, 특히 쇼어의 최종 결론에 반드시 동의할 필요는 없다. 정치는 여론조사 그 이상이고 민주당의 좌파 진영은 당연히 국경 개방과 세금 인상 같은 인기 없는 정책을 위해 싸워도 된다. '흑인 목숨은 소중하다' 운동이 '경찰 예산 삭감하라!'는 구호로 주장하듯이, 좌파는 미국 경찰의 예산 삭감을 옹호해도 된다.

그러나 쇼어와 같은 목소리를 구조적으로 죽이는 것은 위험하다. 그 결과 좌파 진영은 자기 자신과 비판적 대화를 더는 나눌 수 없게 되기 때문이다. 쇼어 같은 사람들이 직장을 잃을까 두려워해야 하고 불편한 진실을 말하기보다 침묵하기를 선택한다면, 결국 신념이 냉철한 분석을 대체할 것이다. 그 수혜자는 현재 헌법에서 민주주의를 폐지하는 데 양심의 가책을 거의 느끼지 않는 공화당이 될 것이다.

쇼어만 그렇게 생각하는 게 아니다. 〈뉴욕타임스〉 칼럼니스트 토머스 에드살이 한 칼럼에서 미국에서 가장 진보적인 관심사는 기껏해야 소수자 문제라고 지적했다. 2019년 설문조사를 보면, 미국인 59퍼센트는 성별이 단 두 개뿐이라고 생각했다. 그러니까 남성과 여성의 범주가 유동적이라고 여기지 않았다. 미국 시민의 소수만이 치안 당국의 예산을 삭감하여 소수자에 대한 경찰의 폭력에 맞서야 한다는 제안에 동의했다. 이외에도 사례는 많다. 민주당이 최근 몇 년간 의심의 여지 없이 좌파로 기울었다는 점에서, 이 사례들은 정치적으로 흥미롭다. 민주당이 비록 바이든 같은 온건한 사람을 대통령으로 세웠지만 의회에서는 좌파 진영의 영향력이 오히려 더 커졌다.[4]

뉴욕 연방 하원의원 알렉산드리아 오카시오 코르테즈는 의회에서 가장 눈에 띄는 목소리다. 민주당 하원의원 220명 중 진보 진영이 거의 100명이다. 상원에서는 자칭 사회주의자라는 버니 샌더스가 영향력 있는 예산위원회 의장을 맡았다. 이 모든 것에서 공화당은 민주당이 세금 인상과 유니섹스 화장실로 나라를 채찍질하려 하고 여기에 반대하는 사람을 침묵하게 하는 급진적 이념 부대라고 프레임을 씌울 기회를 얻었다. 비록 아주 일부만 사실이지만 좌파 진영의 목소리가 매우 크고 언론의 큰 메아리를 얻기 때문에, 공화당의 이런 공격은 효력을 발휘한다.

'깨어 있음'은 민주당에 절대적으로 치명적이라고 뉴욕 출신 사회심리학자 조너선 하이트가 〈뉴욕타임스〉에 말했다. "대다수 사람이 '깨어 있음'을 싫어합니다. 오직 진보적 활동가들만 좋아하죠. 미국인의 정치 선호도를 보면 민주당은 안전한 과반수로 승리해야 마땅합니다. 그러나 '경찰 예산 삭감하라!' 같은 구호 또는 학교 이름을 둘러싼 상징적 다툼 때문에 공화당은 민주당 반대 캠페인에 쉽게 성공합니다."

많은 사람이 주장하는 것처럼 쇼어가 '취소 문화'의 희생자일까? 나는 그런 용어를 사용하는 것이 맞지 않다고 본다. 공화당은 이 용어를 적합하든 부적합하든 기회가 있을 때마다 무기로 꺼내든다. 이미 수많은 트럼프 팬이 자신들의 우상이 선거에 패배한 이후 백악관을 떠난 것을 취소 문화로 본다. 그렇게 보면 취소 문화라는 지적은 종종 모든 정당한 비판을 거부하려는 시도에 불과하다. 그리고 쇼어는 해고 후 금세 새로운 직장을 찾았고 백악관에서도 다시 찾는 컨설턴트이므로, 취소 문화의 희생자가 아니라고 주장할 수 있으리라.

그러나 취소 문화를 우파의 흉물로 치부하는 것은 너무 단순한 것 같다. 쇼어의 사례는 갈등에 대한 도덕적 비난이 객관적 기준에서 잘못한 것이 전혀 없는 사람에게서 어떻게 직업을 박탈할 수 있는지를 표본처럼 보여준다. 그러므로 취소 문화가 언제나 합법적 토론의 악의적 묘사에 불과하다는 빈번히 제기되는 반박은 현실성

데이비드 쇼어 현실 감각을 잃은 좌파

이 없다. 쇼어의 사례에서는 토론이 진행되지 않았고, 그의 트윗이 아프리카계 미국인에 대한 잔혹한 인종차별이라는 주장이 그를 끝장낸 것이 핵심이다. 쇼어를 향한 비난은 어처구니없었다. 그러나 인터넷에서는 빈번히 주장의 질이 아니라 흥분의 규모가 중요하기 때문에 쇼어의 고용주는 분노에 굴복하는 쪽을 택했을 터다. 그렇게 보면 취소 문화는 구조적으로 연료가 공급되는 도덕적 분노다. 이런 분노는 진실에 관심이 없고 분노의 대상이 직장이나 발언권을 상실해야 비로소 가라앉는다.

많은 미국인을 두렵게 하고 정치와 무관한 직업에서도 두려움에 떨게 하는 것이 바로 분노의 변덕스러움이다. 한 사례로, 소프트웨어 기업 모질라의 대표 브렌던 아이크 사건을 들 수 있다. 그는 취임 11일 만에 자리에서 물러났다. 아이크는 6년 전에 캘리포니아의 동성결혼에 반대하는 캠페인에 천 달러를 기부해 소셜미디어에서 분노의 표적이 되었다. 초기에 아이크는 자신의 정치적 견해는 사적인 문제라고 주장했다. 그러나 그 말이 분노의 불에 기름을 부었다. 2014년 4월 3일에 결국 아이크는 선언했다. "우리들 각 개인보다 우리의 미션이 더 중대하고, 현재 상황에서 나는 좋은 수장일 수 없다."[5] 이런 강요된 깨달음의 멜로디를 앞으로 미국 기업에서 더 자주 듣게 될 것이다.

깨어 있는 자본주의

착취하되, 정치적으로 올바르게

아마존은 세계에서 가장 성공적인 기업이다. 코로나가 한창이던 2021년에 333억 6천만 달러의 순이익을 남기며 역대 최대 매출을 기록했다. 설립자 제프 베이조스는 철저한 고객 중심 경영 철학으로 유명한데, 거기에는 당연히 고객이 기분 좋게 쇼핑할 수 있게 해야 한다는 것도 포함된다. 아마존은 진보적인 이미지를 유지하기 위해 엄청난 돈을 매년 쏟아붓는다. 성소수자 인터넷 신문 〈핑크뉴스〉가 주최하는 시상식을 후원하고, 사내지 〈다양성 리포트〉를 통해 여성과 흑인, 라틴계 임원의 비율이 늘고 있다는 성공 사례를 전한다.

과체중 직원들은 자신의 이익을 대변하는 '바디 포지티브 피어스Body Positive Peers(몸을 긍정하는 친구들)'라는 동아리에서 활동한다. 아마존은 기업 평판을 해칠 만한 논란의 책은 판매 목록에서 제외하는데, 성별을 바꾸고자 하는 아동의 호르몬 치료를 반대한 보수주의 작가 라이언 앤더슨의 책을 최근에 판매 목록에서 제외했다.

언뜻 보기에 아마존은 진보를 위해 힘을 쏟는 기업처럼 보인다. 심지어 신입 직원의 평균 시급이 18달러가 넘는다. 그러나 동시에 아마존은 직원들이 더 나은 노동 조건을 위해 단합할 생각조차 못 하게 하고자 한다. 노동조합을 조직하려는 직원들의 움직임을 아마존만큼 폭력적으로 억압하는 기업도 없을 터다. 미국의 소매·도매·백화점 노동조합 RWDSU가 앨라배마의 아마존 물류 창고에 노조를 설립하려 시도했지만 아마존은 수개월 동안 끈질기게 저지했다. 또한 베이조스는 세금도 제대로 납부하지 않는다. 미국 언론인 조사를 보면, 세계에서 두 번째로 부유한 베이조스는 2014년에서 2018년까지 세금을 겨우 0.98퍼센트 납부했다.[1]

〈뉴욕타임스〉 칼럼니스트 로스 두댓은 공공연한 세계 구원의 열정과 냉정한 기업 정신의 결합을 '깨어 있는 자본주의'라는 신조어로 설명했다. 아마존은 인터넷에 익숙한 젊은 세대를 겨냥해 정의로운 기업 이미지를 선전하지만 이런 이미지 뒤에 비인간적인 노동 조건을 숨기고 절세를 꾀하는 여느 기업 가운데 하나다. 200년이 넘는 자본주의 역사에서, 진보적 자아상과 철저한 이익 극대화의 결합이 지금처럼 쉬웠던 적이 없었다.[2]

세계적 패스트푸드 체인점 맥도날드는 2019년 60억 달러라는 기록적인 수익을 냈다. 직원들은 가족을 부양하는 것이 불가능할 정도로 낮은 임금을 받기로 악명이 높지만 신임 최고경영자 크리스 켐프친스키는 2021년 2월에 여성 임원 비율을 2025년까지 45퍼센트로 늘리는 것에 맞춰 임원 연봉을 조정하겠다고 발표했다. 맥도날드 홈페이지에 접속하면 여성, 남성, 흑인, 백인, 뚱뚱한 사람, 마

깨어 있는 자본주의 착취하되, 정치적으로 올바르게

른 사람 모두가 행복하게 웃고 있는 사진이 보이고, 그 아래에 "우리에게는 황금 M 로고만큼이나 다양성, 평등, 포용이 중요합니다"라는 글귀가 적혀 있다.[3]

매사추세츠의 애머스트 칼리지 교수 톰 주라비치는 이를 최고경영자들이 순수한 동기를 가졌거나 그들의 심장이 하루아침에 진보를 위해 뛰기 시작했기 때문이 아니라, 그들이 뚜렷한 정치적 신념을 가진 새로운 소비자 세대의 등장을 인식했기 때문이라 분석했다. 말하자면 기업은 진보적 소비자층을 타깃으로 기업 이미지를 쇄신했다는 것이다. 또한 주라비치 교수는 기업의 정치적 신념은 이케아 가구의 합판보다 얇다고 지적했다. 오래전부터 미국의 민주당과 공화당은 명확히 구별되는 정치 행보를 보였다. 공화당이 월스트리트와 손잡고 대기업을 지원할 때, 민주당은 노조와 함께 노동자의 이익을 위해 투쟁했다. 민주당 소속 프랭클린 루즈벨트 대통령은 대공황 이후 노조에 힘을 불어넣고 미국식 복지국가를 만들었다. 1930년대부터 경제가 살아나면서 미국 노동자 수백만 명이 중산층으로 올라섰고 집과 자동차를 살 경제적 여유를 얻었다.

경제 호황기는 1980년대 초에 막을 내렸다. 공화당 소속 레이건 대통령은 기존의 사회복지 약속을 깼고 노조는 경제성장을 저해하는 사회주의 집단으로 폄하되었다. 민주당 소속 빌 클린턴 대통령도 이 노선을 이어받아 자유무역협정을 체결했고 미국 노동자는 아시아와 남아메리카의 값싼 노동력과 경쟁하는 상황으로 내몰렸다.

민주당 유권자들에게는 치명적인 결과였다. 프린스턴대학 경제학과 교수 앤 케이스와 앵거스 디턴의 분석을 보면, 1979년부터 2017년까지 미국 국민총소득이 85퍼센트 증가하는 동안, 중산층 백인 노동자의 구매력은 13퍼센트 감소했다. 두 경제학자는《절망의 죽음과 자본주의의 미래》라는 책을 썼다. 이 책은 지난 수십 년 동안 여러 측면에서 악화한 미국 노동자들의 고통에 관한 충격적 분석을 전달한다.

두 경제학자는 오늘날 45세와 54세 사이의 백인 노동자가 자살, 알코올중독, 마약중독으로 1990년대 초보다 세 배 더 많이 사망한다고 분석했다. 1945년생 백인 노동자와 학자들의 알코올, 마약, 자살 사망률에는 거의 차이가 없는 반면, 1970년생은 극적인 차이가 있다.[4]

케이스와 디턴이 분석한 지역은 트럼프가 2016년 선거에서 특히 크게 지지받은 지역과 일치한다. 그렇게 보면 두 경제학자의 분석은 민주당의 실패도 설명해준다. 민주당은 오랫동안 그들의 핵심 지지층이었던 사람들을 지난 수십 년 동안 소홀히 했다. 이 사람들에게는 감당할 만한 의료보험료와 무상 보육 그리고 가족을 부양할 수 있는 최저임금에 힘쓰는 정부가 필요했다.

그러나 민주당은 그동안 점점 더 '백인 특권층'을 비난하고 '구조적 인종차별'에 맞서 싸우면서 좌파 이미지를 다지는 정당이 되었다. 이는 미국 거대 기업의 이익에 완벽히 부합했다. 그러나 예전 민주당 지지자였던 오하이오주 스튜번빌 또는 펜실베이니아주 윌크스배리의 노동자와 소규모 자영업자에게는 달갑지 않았다. 자신들이 특권을 누린다는 주장은 그들이 듣기에 불쾌한 헛소리였다.

나는 2020년 여름에 윌크스배리에 여러 번 갔다. 그 도시가 위치한 루체른 카운티는 트럼프 혁명의 진원지나 마찬가지였기 때문이다. 루체른 카운티는 한때 부유한 구역이었다. 19세기에 동유럽에서 온 가톨릭 이민자들이 윌크스배리에 거주하며 석탄을 캤다. 나중에는 방직 산업이 안정된 일자리를 공급했다. 그러나 1970년대에 방직 산업의 몰락과 함께 빈곤이 도시를 덮쳤다. 버려진 전차들 그리고 창고나 패스트푸드점 같은 급여 수준이 형편없는 일자리만 남았다.

윌크스배리에서 나는 사우스리버스트리트에 사는 미용사 도나 코발치크와 인터뷰했다. 사우스리버스트리트는 1980년대 초까지만 해도 살기 좋은 거주지였으나 실업률 증가와 함께 부동산 가치도 떨어졌다. 결국 중개인들이 코발치크의 미용실 맞은편 빈집으로 이사를 왔다고 한다. 코발치크는 민주당 행정부가 이 문제에 관심을 기울이지 않는다고 불평했다. 이 미용사는 2016년에 생애 최초로 공화당 후보자 도널드 트럼프를 찍었다.

도나 코발치크와 비슷한 이야기를 루체른 카운티 곳곳에서 접했다. 민주당이 어떻게 그들의 기반을 잃었는지 쉽게 목격할 수 있었다. 이곳은 수십 년 넘게 민주당의 확고한 표밭이었다. 그러나 2016년에 아주 오랜만에 과반이 공화당 후보를 지지했고, 4년 뒤에도 트럼프는 같은 결과를 유지할 수 있었다.[5]

루체른 카운티의 투표 결과는 민주당이 고학력 지식인 유권자의 정당으로 변신했다는 사실을 보여준다. 작가 조지 패커가 이름 붙였듯이 민주당은 '스마트 아메리카'를 지향한다. 시카고, 휴스턴,

덴버 같은 도시의 근교 또는 해안에 거주하는 사람들. HBO에서 최신 블록버스터를 볼 수 있고 아마존 택배 기사가 주말 바비큐에 쓸 그릴 양념을 총알처럼 가져다주기를 바라는 사람들. 스탠퍼드대학에서 경제학 또는 존스홉킨스대학에서 의학을 공부했고 내일 런던, 도쿄, 시드니 등지에서 일할 수도 있는 체비 체이스의 내 이웃들.[6]

그들은 세계화의 폭풍에서 안전했고 지식과 적응력을 돈으로 보상받는 새로운 경제의 승자다. 오바마만큼 완벽하게 '스마트 아메리카'를 대표하는 사람도 없는 것 같다. 그는 싱글 맘의 아들로 하버드 로스쿨을 졸업했고 2009년에 흑인 최초로 미국 대통령에 취임했다. 팰로앨토에 위치한 페이스북* 본사에서 열린 타운홀 회의에서 오바마 대통령은 이렇게 말했다. "나는 버락 오바마고 마크 저커버그에게 양복과 넥타이를 착용하게 만든 사람입니다." 페이스북 대표가 만면에 미소를 짓고 그 옆에 앉아 있었다.

민주당의 새로운 방향은 애플, 페이스북, 구글 같은 미국 거대 기업의 이익과 완벽하게 조화를 이루었다. 민주당은 새로운 독점자들을 경쟁에 관한 법률로 해체하려는 실질적 시도를 전혀 하지 않았다. 동시에 이 거대 기업들은 '깨어 있음' 운동을 그들의 사업 기획에 힘들이지 않고 통합할 수 있었다. 외국에서 공정한 노동 조건을 마련하거나 권위적 체제에 저항하는 용기를 내는 것보다 광고에서 성인지 감수성이 높은 언어와 다양성 이미지를 쓰는 것이 확실히 비용이 덜 들었기 때문이다.

*   현재 바뀐 사명은 '메타'

깨어 있는 자본주의 착취하되, 정치적으로 올바르게

2018년 애플은 중국의 아이클라우드 사용자 계정에 진입할 수 있는 키를 미국이 아니라 중국에 저장해야 한다는 중국 정부의 요구를 큰 불평 없이 받아들였고, 그 결과 공산주의 권력자들은 체제 비판자들의 데이터에 더 쉽게 접근할 수 있었다.[7] 반면, 2015년에 보수적인 식당 주인이 결혼식을 올리고 싶어 하는 게이나 레즈비언 커플을 거절할 수 있게 허용한 법안을 인디애나주 공화당이 통과시켰을 때, 애플 대표 팀 쿡은 소리 높여 저항했다. 팀 쿡은 〈워싱턴포스트〉에 분노의 논평을 썼다. "나는 애플의 이름으로 이 새로운 법안에 반대한다. 이 법안은 미국의 건국 원칙을 위반했다."[8]

헤르초게나우라흐에 위치한 아디다스는 대부분의 스포츠용품 회사와 마찬가지로 자사 제품을 지난 수십 년 동안 대부분 아시아와 라틴아메리카에서 제작했다. 봉제공들의 비참한 급여에 관한 반복적 보도도 이 거대 기업의 이미지를 털끝만큼도 훼손할 수 없었다. 그러나 2020년에 소셜미디어에서 폭동이 일었을 때, 흑인 주니어 디자이너 줄리아 본드가 포틀랜드에 위치한 아디다스 미국 지사의 소위 인종차별적 분위기를 불평하자, 이 회사는 흑인 미국인 지원을 위해 1억 2천만 달러를 기부하기로 약속했다. 줄리아 본드가 매일 아침 일하러 가는 대신 회사 앞에서 시위를 했는데도 이 젊은 흑인 여성에게 계속 급여를 지급했다. 그리고 아디다스는 "상호 협의에 따라" 최초의 여성 임원이었던 카렌 파킨을 해고했다. 해고 사유는 잘못된 단어 사용이었다. 그녀는 미국의 인종차별 토론을 '노이즈', 즉 소음이라고 표현했다.[9]

기업이 젊은 이상주의자 세대에 봉사하는 것은 새롭지 않다.

1971년에 코카콜라는 히피 운동과 매우 흡사한 그 유명한 '힐탑Hilltop' 광고를 제작했다. 인도 전통 의상 사리와 화려한 자수 리넨 셔츠를 입은 사람들이 환한 표정으로 노래한다. "세상 모든 사람을 위한 집을 만들어 그곳을 사랑으로 가득 채우고 싶어요."[10] 펩시는 2017년에 인터넷 스타 켄달 제너가 출연하는 광고를 제작했다. 광고에서 제너는 모델로 나온다. 이 모델은 젊은 활동가들의 시위대가 대열을 갖춰 지나가는 것을 본 후, 반짝이는 원피스를 청바지와 티셔츠로 갈아입고 입술의 립스틱을 지운다. 그리고 시위대 맨앞에 서고, 마지막에는 우울하게 시위대를 보고 있는 경찰관에게 펩시 한 캔을 건넨다.[11]

새로운 점은 논란을 두려워하는 기업과 인터넷의 흥분이 서로를 강화한다는 사실이다. 이런 역학의 희생자가 전 아디다스 여성임원 파킨만은 아니다. 수 셰이퍼는 잘못된 풍자로 재앙을 맞았다. 당시 54세 직장인이었던 셰이퍼는 2018년 핼러윈에 〈워싱턴포스트〉의 유명한 시사만화가 톰 톨스가 주최하는 가장무도회에 참석했다. 그래픽디자이너인 셰이퍼는 정장을 차려입고 얼굴을 검게 칠했다. 그녀의 재킷에는 "안녕, 내 이름은 메긴 켈리야"라고 적혀 있었다. 메긴 켈리는 보수적인 유명 방송 진행자로, 미국에서 수년 동안흑인을 놀리는 수단으로 이용된 '흑인 분장Blackfacing'을 옹호하는발언을 해서 당시 큰 비판을 받고 있었다.

파티에서 푸에르토리코계 미국인 렉시 그루버가 "그것이 유색인종에게 얼마나 모욕적인지 알고 계세요?"라고 물었고, 셰이퍼는장난스럽게 대꾸했다. "안녕, 내 이름은 메긴 켈리야. 그거참 재밌

네!" 그러나 셰이퍼는 자신의 풍자가 얼마나 잘못되었는지 금세 알아차렸고 일찍 파티장을 떠났다. 다음 날 셰이퍼는 파티 주최자 톰 톨스에게 사죄 메일을 보냈다. "어제저녁 몇몇 손님의 기분을 망친 점 깊이 사죄드립니다." 셰이퍼는 이것으로 조용히 끝낼 수 있으리라 생각했다.

그러나 이 일로 취재진을 보낸 것은 바로 〈워싱턴포스트〉였다. 발단은 렉시 그루버가 〈워싱턴포스트〉의 시사만화가 톨스에게 보낸 메일이었다. 그루버는 파티에서 일어난 일이 여전히 마음을 무겁게 누른다고 썼다. "추악하고 파렴치한 일입니다." 그루버는 또한 〈워싱턴포스트〉를 정조준하여 파티에서 일어난 일을 보도하라고 요구했고 그대로 되었다. 〈워싱턴포스트〉는 분명 다른 신문이 이 일을 먼저 보도하지 못하게 막기 위해 그렇게 했을 터다. 다른 신문이 먼저 보도하면 〈워싱턴포스트〉는 이 사건을 통제할 수 없게 될 테니까.[12]

〈워싱턴포스트〉의 계산이 통했다. 세계적으로 가장 저명한 신문이 어째서 취재진까지 보내 사적인 파티를 보도하는지 모르겠다는 몇몇 비판적 댓글이 있기는 했지만, 트럼프를 둘러싼 흥분 속에서 이 사건은 금세 잊혔다. 그러나 셰이퍼에게는 일이 순조롭게 진행되지 않았다. 그녀의 고용주는 〈워싱턴포스트〉에 기사가 실리기도 전에 벌써 그녀를 해고했다.[13]

미국 기업들이 가장 두려워하는 것은 인터넷의 분노 폭동이고, 애매할 때는 맹목적 분노 폭동에 합리적 주장으로 맞서기보다 그냥 직원 한 명을 해고하는 편이 언제나 더 간단하다. 셰이퍼의 분장을 사적인 실수로 보고 사과로 끝낼 기회를 줄 수도 있었다. 그러나 기업은 모든 형태의 인종 및 성차별에 단호히 맞서지 않는다는 비난을 피하기 위해 종종 직원을 변호하려는 노력을 전혀 하지 않는다.

2020년 7월 초에 닐 골라이틀리는 항공기 제조사 보잉의 커뮤니케이션 책임자로 일한 지 불과 6개월 만에 사직 의사를 표명했다. 골라이틀리가 해군 조종사 시절에 한 발언 하나가 인터넷에 등장했기 때문이다. 여성의 전투 투입에 반대한다고 밝힌 발언이었는데, 정말로 아주 형편없는 발언이었다고 평가할 수밖에 없다. "개인 휴식 공간을 마련하고, 군용 탐폰을 보급하고, 여성 위생용품을 선박에 싣는 부담이 가중된다면, 여성을 최전선에 투입하는 것은 아무런 이점이 없다."

그가 약 33년 전인 1987년에 한 잡지에서 한 발언이다. 골라이틀리의 상사들은 이 발언이 수십 년 전 일이고 지금은 스스로 반성하는 직원을 버릴 수 없다고 주장할 수 있었다. 그러나 그것은 경영진에게 쏟아질 비판을 의미했다. 그래서 보잉 최고경영자 데이비드 칼훈은 "보잉이 모든 차원에서 다양성과 포용성을 위해 얼마나 열심히 일하는지 강조하고 싶고, 그래서 회사의 이익을 위해 사직하기로 한 골라이틀리의 결정을 존중한다"고 발표했다.[14]

기업이 인종차별에 맞서고 여성이 성차별적 언어폭력을 당하지 않는 분위기를 만들기 위해 힘쓰는 것은 당연히 발전이다. 그리고 미국 거대 기업이 공화당의 권위적 행태를 우려 섞인 시선으로 보는 것은 정당하다. 다만, 도덕성과 기업 이익을 혼동하는 실수를 저질러서는 안 된다. 기업은 불확실성을 가장 싫어하고 2021년 1월

6일 트럼프 팬들이 미국 국회의사당을 습격한 장면은 미국을 바나나 공화국*처럼 보이게 했다. 대다수 미국 기업은 트럼프 임기 동안 백악관의 포퓰리스트와 타협했다. 페이스북 대표 저커버그와 트위터 공동 창업자 잭 도시조차.

두 사람의 심장은 비록 민주당을 위해 뛰지만 두 소셜미디어 플랫폼은 다른 한편으로 트럼프 덕분에 막대한 이익을 얻었다. 트럼프는 전성기에 트위터 팔로워가 약 9천만 명이었다. 트럼프 덕에 이 플랫폼은 아마도 세계에서 가장 영향력이 큰 정치 미디어로 승격되었다. 민주당의 바이든이 백악관을 넘겨받을 것이 명확해졌을 때 비로소 트위터는 트럼프의 계정을 차단했다. 페이스북도 똑같이 했다.

두 플랫폼의 사업 모델은 시민들의 토론이 아니라 흥분에 기반을 두고 있다. 그런 측면을 고려하면, 잭 도시가 흑인 역사학자 이브람 켄디의 반인종차별연구센터에 천만 달러를 지원한 것은 당연해 보인다. 켄디는 미국에서 가장 유명한 동시에 가장 논란이 되는 흑인 활동가다. 어찌 보면 그는 좌파의 도발자다. 그렇게 통 크게 켄디를 지원한 도시가 수십억 자산가라는 사실은 다소 아이러니하다. 켄디의 세계관에서 미국의 자본주의는 인종차별을 통해 아주 깊이 타락한 시스템이기 때문이다. 켄디는 "자본주의를 사랑하는 것은 결국 인종차별을 사랑한다는 뜻"이라고 생각한다. 그렇다면 결국 도시 역시 인종차별주의자인 셈이다.[15]

---

*   바나나 같은 농산물 수출에 의존하고 부패한 독재자가 정권을 장악하여 정치적으로 불안한 작은 나라를 가리키는 경멸어

작가 톰 울프는 1970년대 초 잡지 《뉴욕》에 글을 쓰면서 제목에 '래디컬 시크Radical Chic'라는 단어를 사용했다. 그는 이 글에서 작곡가 레너드 번스타인이 뉴욕 파크애비뉴에 있는 자신의 펜트하우스에서 연 흑표당Black Panthers을 위한 모금 만찬회에서 있었던 일을 기술했다. 흑표당은 혁명을 위해 필요하다면 무력투쟁도 불사하던 미국의 무장 흑인 조직이었다. 이 글은 저널리즘의 한 이정표가 되었는데, 자기혐오와 공포가 뒤섞인 감정으로 할 수만 있다면 부르주아를 무너뜨리려는 운동에 투신하는 백인 도시 상류층의 정신분열증을 독보적으로 잘 드러냈기 때문이다.[16]

어찌 보면 깨어 있는 자본주의는 래디컬 시크의 연장이다. 다만, 기업은 번스타인이 흑표당을 두려워하는 것만큼 새로운 좌파를 두려워할 필요가 없다. 뭔가 잘못되었다 싶으면 직원 한 명을 인터넷 분노에 희생시키는 것에 만족하거나 높은 보수에 위안을 받으면 되기 때문이다. 현재 직장인에게 반인종차별주의 의식을 교육하고 그들이 미세공격을 저지르지 않도록 돕는 것으로 돈을 버는 컨설턴트가 수백에 달한다.

돈벌이가 좋은 이런 분야의 영웅은 《백인의 취약성》이라는 세계적 베스트셀러를 쓴 디앤젤로다. 《백인의 취약성》의 핵심 명제는 모든 백인이 인종차별이라는 원죄를 갖고 태어난다는 것이다. 디앤젤로는 인종차별을 개인의 책임으로 보는 견해를 철저히 거부한다. 흑인이 인종차별의 집단적 피해자이듯 백인 역시 피부색 때문에 가해자 집단에 속한다. 디앤젤로가 썼다. "이 책은 철저히 정체성 정치에 기반을 두고 있다. 내가 '우리'라는 단어를 쓴다면 그것은 백인 집단을 의미한다."[17]

디앤젤로의 표적은 좌파 성향의 고소득 지식인이다. 디앤젤로는 이 집단을 가장 큰 범죄자로 선언했다. "진보적으로 사고하는 백인은 일상에서 유색인종에게 가장 심한 해를 끼친다고 나는 생각한다." 그러나 흑인이 투표하기 어렵게 선거법을 바꾼 미국 남부의 공화당 의원보다 어째서 뉴욕이나 로스앤젤레스의 진보적 백인이 아프리카계 미국인에게 더 큰 위험인지를 해명하지는 않았다.[18]

《백인의 취약성》의 하이라이트는 계몽된 백인이 왜 자신이 인종차별주의자가 아닌지 설명하는 내용을 그대로 가져와 본인 주장의 근거로 사용하는 대목이다. 디앤젤로는 다음과 같이 썼다. "아주 많은 사람이 그렇듯이 인종차별에 명확히 반대하는 사람으로 성장한다면, 우리는 다른 피부색을 가진 사람들에게 불이익을 주고 자신의 피부색에 근거하여 얻은 특혜를 거부하는 정체성을 가진다. 이런 거부는 문제가 있다. 인종차별에 대한 백인의 도덕적 거부는 동시에 자신이 인종차별의 공모자라는 사실을 인정하기 어렵게 만들기 때문이다." 간단히 말하면, 스스로 깨어 있다고 여기는 사람일수록, 자신이 인종차별주의자라는 사실을 부인할 확률이 높다. 작가 매트 타이비는 논쟁적 서평에서 《백인의 취약성》에 비하면 트럼프의 책 《거래의 기술》은 톨스토이의 《안나 카레니나》처럼 읽힌다고 썼다. 그러나 디앤젤로에게는 논리와 계몽보다 사업 모델 확립이 더 중요했던 것 같다. 모든 백인이 인종차별주의자이고 이를 부인하는 것이 바로 피고가 유죄라는 증거라면, 디앤젤로 같은 사람들이 활동할 분야는 확실히 무한하다. 디앤젤로의 생각대로라면 백인이 인종차별 원죄에서 벗어날 기회는 없다. 그러나 전략적 자책으로 부분적이나마 죄를 씻을 가능성은 있다. "우리의 학습 과정이 절대 끝나지 않았다는 점을 명심해야 한다."

디앤젤로가 인종차별 반대 교육에 앞장서는 것은 유익한 일이다. 그러나 그녀의 교육과정에서는 인종차별 비난을 절대 반박해서는 안 된다. 말하자면 디앤젤로가 제시하는 것은 학문적 지식이라는 가면을 쓰고 나타난 종교다. 이 '종교'에서는 모든 백인이 인종차별주의자다. 인종차별은 예외적 상황이 아니라 기본값이다. 서방 사회의 기반은 백인 지배체제다. 이런 '교리'나 인종차별 비난을 반박하는 것은 자신의 무지를 드러내는 행위일 뿐이다.

디앤젤로는 이른바 순환논법이라는 논리적 오류를 범했지만 그런 오류가 그녀의 성공을 저해하지는 않았다. 그녀의 웹사이트가 자랑하듯이, 아마존이나 유니레버 같은 글로벌 기업들이 그녀의 서비스를 이용했고, 민주당 하원의원들도 디앤젤로와 미팅을 잡았다. 〈뉴욕타임스〉가 보도하기를, 그녀는 몇 해 전에 벌써 강연료로 최대 1만 5천 달러를 받았다. 이 사회학자는 인종차별 없는 세상을 위해 노력한 대가로 부자가 되었다. 다만, 세상 역시 디앤젤로 덕분에 비슷한 이익을 얻었을까? 디앤젤로가 자신의 책에서 밝히기를, 그녀가 제공하는 인종차별 반대 교육을 거부하는 것은 인종차별의 뿌리가 깊다는 또 다른 증거란다. 그러나 여러 연구가 밝혔듯이 인종 및 성차별 반대 교육은 거의 아무런 효과가 없다.

이리스 보넷은 경력 절반을 어떻게 하면 회사가 더 많은 여성과 더 많은 흑인을 임원으로 임명하게 할 수 있을지에 몰두했다. 스위스에서 태어나 하버드대학에서 강의하는 행동경제학 대표 전문가인 보넷이 내게 말했다. "훈련된 태도와 학습된 뇌 구조를 바꾸는 것이 얼마나 어려운지 우리 모두 잘 압니다. 만약 어떤 강좌에서 내가 스위스인이므로 독일인을 나의 동포와 똑같이 좋아해야 한다는 얘기를 한 시간 내내 듣는다면, 어쩌면 나는 '그래, 맞는 말이지!'라고 생각할 겁니다. 하지만 강좌가 끝나자마자 다시 옛날 습관으로 돌아갑니다." 진정한 변화를 이루려면 노동환경이 바뀌어야지 호소만으로는 부족하다고 보넷이 말했다.

보넷은 자신의 책《무엇이 작동하는가》에서 미국 기업이 성차별이나 인종차별에 반대하는 강좌에 현재 연간 80억 유로를 쓰는 동시에 그것이 실생활에서 전혀 효과가 없다는 것을 증명한다고 썼다. "단지 직원들에게 그들의 선입견을 깨닫게 하는 것만을 목적으로 삼는다면 그런 훈련 프로그램이 행동 방식은 두말할 것도 없고 내적 가치관을 바꿀 확률도 매우 낮다."[19] 알렉산드라 칼레브, 프랭크 도빈, 에린 켈리 세 사회학자가 30년 동안의 다양성 훈련을 조사한 연구 역시 비슷하게 냉철한 결과를 보여준다. 다양성 훈련이 긍정적 영향을 미쳤다는 "탄탄한 증거가 없다". 이런 강좌는 종종 그저 인종차별 비난을 모면하기 위해 이루어진다. "고용주들이 겉으로 드러나게 차별 금지 조치에 애쓰는 이유가 정말로 임원의 다양성을 높이기 위해서가 아니라 법적 책임을 면하기 위해 또는 분위기 개선을 위해서라는 근거들이 충분하다."[20]

다시 말해 그런 강좌는 시장가치를 올리면서 아무것도 의무로 삼지 않는, 일종의 플라세보 행동주의다. 이것은 탈세나 형편없는 직원 처우로 늘 헤드라인을 장식하는 아마존 같은 기업에 적합하다. 다양성 훈련은 심지어 부정적 효과를 낼 수 있는데 보넷은 이를 '도덕적 허가'라고 불렀다. 모두가 다 아는 현상이다. 조깅을 한 사람은 나중에 양심의 가책 없이 아이스크림을 먹을 수 있다. 공기 좋은 곳에서 오래 걸었다면 저녁에 과식을 해도 된다. 이런 심리적 메커니즘이 다른 차원에서도 작동한다.

"2008년 대통령 선거에서 오바마를 지지할 기회를 가졌던 사람들이 그 후 더 높은 확률로 아프리카계 미국인을 차별했다. 아무튼 이미 선입견을 가진 사람들한테 '도덕적 허가' 효과는 특히 강했고, 그래서 최악의 죄인을 대상으로 하는 다양성 프로그램이 우려한 대로 정반대의 결과를 낳았다." 이런 결과로 볼 때, 미국 기업들은 이런 훈련에 수십억 달러를 투자하는 것이 과연 옳은 일인지 진지하게 숙고해야 한다고 보넷이 지적했다.[21]

그러나 현재 기업들이 이런 훈련을 재고할 것 같지는 않다. 독일 기업들도 깨어 있는 자본주의에서 이익을 얻을 수 있다는 사실을 알았다. 제과 회사 발센은 2021년 여름에 60년째 '아프리카'라고 불린 초콜릿 와플 이름을 '페퍼툼'으로 바꾸겠다고 발표했다. 사람들은 '아프리카'라는 이름을 인종차별로 여기는 것이 이미 인종차별적 사고라고 생각할 수도 있었다. 하지만 공식적으로 발센에 영향을 미친 세력은 인스타그램에서 '아프리카'라는 이름에 분노한 일부 소비자였다. 그러나 기업은 이들의 분노에서 단지 고객의 주머니를 확실히 털어갈 반가운 기회만 본 것 같다. 옛날 '아프리카'는 와플이 130그램이었지만 정치적으로 과도하게 올바른 새 과자는

같은 가격에 와플이 94그램에 그쳤다.[22]

　깨어 있는 자본주의에 허점이 없는 건 아니다. 2020년에 페미니즘 인터넷 포털 〈에디션 에프〉는 '25 여성 어워즈'를 시상하고자 했다. 자동차 회사 메르세데스와 샴페인 회사 뵈브 클리코가 후원사로 나섰다. 후보에 오른 여성 50명 가운데 일곱 명이 흑인이었다. 그러나 이들은 시상식 전에 후보 명단에서 빼달라고 요구했다. 자신들이 "백인과 가깝기 때문에 선정되었다"는 인상을 받았다고 썼다.[23]

　그들은 추가로 이런 '색깔주의'를 막기 위해 더 많은 흑인 후보자를 명단에 올리라고 요구했다. 모든 다양성 질문에 잘 훈련된 〈에디션 에프〉의 편집팀조차 두 손을 들 수밖에 없는 요구였다. 페미니즘 플랫폼 설립자들이 썼다. "우리는 언론으로서, 가치 기반 회사로서 그리고 유색인종, 장애인, LGBTQI+ 운동가, 그 밖의 수많은 소외 집단의 친구로서, 우리의 책임을 인식하고 있고 이 책임을 진지하게 받아들입니다. 올해의 시상에서 더는 후보자 선정과 투표를 진행하지 않겠다는 뜻입니다." 이해할 만한 결정이었다. 정신이 제대로 박힌 심사위원이라면, 후보자의 피부색이 수상에 적합할 만큼 충분히 검은지 심사하고 싶겠는가?[24]

　그러나 결국 이것은 일반적인 공생관계의 과도한 주변 사례일 뿐이다. 젊은 활동가들과 함께 발전을 위해 싸울 기회를 어떤 기업이 놓치고 싶겠는가? 미국 중앙정보국 CIA도 기회로 인식할 정도로 이는 이미지 구축에 아주 유익하다. 2021년 3월에 CIA는 새로운 시대의 스타일로 가득한 광고 영상을 제작했다. 광고 영상에서

36세 라틴계 여성 공무원이 CIA 본부 복도를 성큼성큼 걸으며 자신의 경력을 이야기한다. "나는 불안장애 진단을 받은 시스젠더* 밀레니얼 세대입니다." 그러는 동안 배경에서 웅장한 음악이 울린다. "나는 교차적이지만 내 자아는 정상 기준을 충족하지 못합니다." 이 광고는 21세기 초의 진보적 자아도 비밀 고문 수용소를 운영하고 비밀 암살단을 파견하는 국가기관에서 일할 수 있다는 사실을 보여주는 영상이 틀림없다. 중요한 것은 무엇을 하느냐가 아니라, 올바른 믿음을 따를 준비가 되었느냐다.[25]

---

*   심리적 성별과 생물학적 성별이 일치하는 사람

이브람 켄디

관료적으로 영구화된 반인종차별주의

2020년 10월에 역사학자 이브람 켄디가 《반인종차별주의자가 되라》라는 제목의 안내서를 냈다. 샛노란 표지의 이 책은 가톨릭교회에서 흔히 볼 수 있는 성찰 지침서를 닮았다. 켄디는 서문에 이 책이 "당신의 고해소가 될 수 있다"고 적었고, 독자가 자신의 잘못을 직접 기록할 수 있도록 책에 빈칸을 아주 많이 마련해두었다. 9쪽에는 "살면서 가장 심하게 인종차별한 순간을 기술하라"고 적혀 있다.

켄디는 134쪽에서 독자에게 묻는다. "가난한 백인은 가난한 흑인과 달리 어떤 특권을 누리는가?" 어떤 잘못도 감춰서는 안 되고 어떤 약점도 가려진 채 남아서는 안 된다면서 "반인종차별주의의 맥박은 부인이다"라고 켄디는 썼다. 그는 독자들의 양심 성찰을 돕기 위해 계속해서 격언을 제시했다. "진정한 반인종차별주의자는 페미니스트이기도 하다. 진정한 페미니스트는 반인종차별주의자이기도 하다." "우리는 고통 없이 미국을 인종차별에서 치유하고자 한다. 그러나 고통 없이는 발전도 없다."[1]

1982년생인 켄디는 자기 생각이 구원 교리와 닮았다는 사실을 숨기지 않았다. 종교적으로 아주 엄격한 부모 밑에서 자란 그는 "나는 기독교인으로 살려는 부모님의 종교적 노력과 인종차별에 반대하는 세속적 노력을 분리할 수 없다"고 썼다. 그리고 그는 고해 사제나 설교자가 아니라 최근 몇 년 동안 미국에서 가장 영향력 있는 과학자이자 지식인으로 부상했다. 그의 책 《시작부터 각인된》은 2016년에 전미도서상을 수상했다. 이 상은 미국 비소설 분야에서 퓰리처상 다음으로 권위 있는 상이다. 수상과 함께 켄디는 단번에 미국의 진보적 스타가 되었다. 이 젊은 교수는 자신의 책에서 미국을 시작부터 인종차별이 스며든 나라로 묘사했다. 국가와 사회구조에 인종차별이 여전히 깊숙이 박혀 있다고 주장했다.

2019년 트럼프 임기 중반에 켄디의 세 번째 책 《안티레이시즘》이 출판되었다. 이 책은 역사를 다루는 책이 아니라 개인의 전기와 정치 프로그램의 혼합이다. 켄디의 아이디어에서 혁명적인 부분은 흑인과 백인의 모든 불평등의 원인을 인종차별로 설명한다는 점이다. 켄디는 흑인 사회에 개인이 초래한 문제도 있을 수 있다는 생각조차 인종차별로 보았다. 인종차별에 맞서는 투쟁에는 중립성이 있을 수 없고 있어서도 안 된다고 요구했다. 그는 자신을 '반인종차별주의자'로 설명하고 인간을 두 부류로 나눴다. 인종차별을 무너뜨리기 위해 혼신을 다하는 사람과 인종차별주의자. "인종을 차별하지 않는 중립적 입장을 주장하는 것은 인종차별을 가리는 베일에 불과하다."[2]

켄디가 생각하는 인종차별주의자는 단순히 유색인종을 무시하는 사람이 아니다. 예를 들어 오바마가 그랬듯이 피부색 이외에 인종 간의 다른 차이점이 있을 거라 주장하는 사람도 모두 인종차별주의자다. 2008년 선거전에서 당시 민주당 대통령 후보는 연설에서 평균 이상의 흑인 아동이 홀어머니 밑에서 자란다고 지적했다. "아이를 만드는 데서 책임이 끝나지 않는다는 사실을 우리의 아버지들에게 상기시켜야 합니다." 오바마는 자식을 양육하지 않는 남자들의 무책임이 낳은 결과를 비판했다. "교실에 앉아 있어야 할 시간에 후미진 골목에서 시간을 보내는 청소년을 얼마나 많이 보았습니까? 일을 하거나 적어도 일자리를 찾아봐야 할 시간에 교도소에 갇혀 있는 사람이 얼마나 많습니까? 얼마나 많은 청소년 세대를 빈곤, 폭력, 마약중독에 잃을 작정입니까?"[3] 오바마의 연설 이후에도 아버지 없는 흑인 청소년의 문제는 거의 나아지지 않았다. 2020년에 미국에서 아시아계 아동은 7.8퍼센트만이 홀어머니 밑에서 자랐다. 백인 아동은 13.4퍼센트, 흑인 아동은 46.3퍼센트였다.[4] 그러나 켄디는 2019년 한 인터뷰에서 주장했다. "흑인 아버지의 문제가 아닙니다." 그리고 만약 오바마가 뭔가 다른 것을 주장한다면 그 주장은 인종차별적 생각이라고 덧붙였다.[5]

켄디는 2020년 7월부터 보스턴대학의 반인종차별연구센터 센터장을 맡았다. 직원이 20명이 넘는다. 줌을 통해 켄디와 연결하자, 침착하고 차분하게 말하고 자신의 인종차별 반대 운동이 철저히 과학적 연구에 기초한다고 강조하는 남자를 화면에서 볼 수 있었다. 켄디에 대한 주요 비판 지점은 그가 인종차별 비난을 너무 확장하는 바람에 오히려 그 의미를 잃었다는 것이다. 백인우월주의 조직인 쿠 클럭스 클랜KKK 회원, 트럼프, 오바마가 모두 똑같이 인종차별주의자라면 결국 모두가 인종차별주의자라는 말이 아닐까? 이런 이의제기에 켄디는 인종차별이 분석적 개념이라고 대응했다. "특정 순간에 어떤 사람이 되느냐가 중요합니다. 인종차별적 사고 또는 반인종차별적 사고를 드러내느냐 아니냐. 인종차별적 정책 또는 반인종차별적 정책을 지지하느냐 아니냐." 오바마뿐 아니라 그 자신도 이미 인종차별적 사고를 드러낸 적이 있다고 고백했다.

언뜻 보기에 켄디의 주장은 매력적이다. 인종차별 개념에서 평판을 파괴하는 독한 의미를 제거하면, 소수자에게 불이익을 주는 데 봉사하는 가치관, 행동 방식, 정책 등을 일상에서 샅샅이 찾아내는 데 이용할 수 있다. 그러나 켄디 자신은 정치적 분쟁에서 중립적인 학자의 옷을 벗어던질 준비가 항상 되어 있다. 공화당이 그의 행동주의를 백인에 대한 인종차별이라고 비난했을 때, 켄디는 그런 비난이 백인의 지배 이념이자 "독성이 있는 인종차별적 사고방식"이라고 《애틀랜틱》에 썼다.[6]

"나는 정치가가 아니에요." 켄디가 줌 인터뷰에서 내게 말했다. 다른 한편 반인종차별연구센터는 그의 정치적 어젠다를 의심하지 않는다. 연구센터 홈페이지에는 "우리의 미션: 인종평등과 사회정의를 보장하는 반인종차별 사회 만들기"라고 적혀 있다. 켄디는 자기 자신을 철저히 객관성 원칙을 지키는 자연과학자로 설명하여 이런 모순을 해결하려 애썼다. 그는 이것을 명확히 설명하기 위해, 몇 년 전에 그를 거의 죽일 뻔한 악성 종양을 예로 들었다. 당시 켄디는 종양 전문의에게 치료받았는데 의사들은 그를 활동가로 이해하지 않았을 것이라고 켄디가 말했다. "연구를 통해 인종차별이나 성차별에 관한 일에서 인류를 해치는 문제를 발견하고 마치 종양 전문의가 악성 종양을 제거하듯이 그 문제를 제거하려 애쓰는 지식인이 있다면, (…) 그러면 우리는 지식인을 정치가 또는 활동가라 부릅니다. 우리는 인류에 해가 되는 현상을 고치는 데 특화된 다른 학자들과 다르지 않습니다."

미국에서 현재 켄디만큼 논란이 되는 학자는 없다. 어떤 사람들은 그가 인종차별을 분석할 뿐 아니라 그에 맞서는 투쟁을 개발했기 때문에 그를 21세기의 위대한 지식인으로 여긴다. 2020년에 켄디를 세계에서 가장 영향력 있는 100인으로 선정한 《타임》은 다음과 같이 썼다. "그는 인종차별과 편협의 찌꺼기를 없애는 데 모두가 이용할 수 있는 구체적이고 실현 가능한 단계와 권고를 전달한다." 이것으로 켄디는 앙겔라 메르켈과 조 바이든과 같은 선상에 섰다.[7] 2021년에는 맥아더재단의 '천재상 Genius Grant'을 수상하여 여러 해 동안 50만 달러가 넘는 지원금을 받게 되었다. 그러나 그가 인종차별 반대 투쟁을 어떤 반박도 허용하지 않는 이념으로 만들었다고 많은 사람이 비판한다. 〈뉴욕타임스〉의 칼럼니스트 로스 두댓은 켄디와 반인종차별주의자 디앤젤로를 시끌벅적한 우파 수사학으로 트럼프 대통령의 기반을 마련한 라디오 진행자 러시 림보와 연결했다. "림보의 사고가 종종 우파 지식인을 부끄럽게 한 것과 똑같이, 그들은 좌파 지식인을 부끄럽게 하는 이념적 극단주의를 구현한다."[8]

이런 노골적인 비교는 악의적이고 어쩌면 부당할 수도 있다. 오늘날에도 여전히 효력을 내는 인종차별의 역사적 뿌리를 밝혀낸 것은 켄디의 공로다.《시작부터 각인된》에서 켄디가 썼듯이, 흑인이 미국 국민의 13퍼센트를 차지하지만 그들의 부는 2.7퍼센트에 그치고 교도소 수감자는 40퍼센트를 차지한다.[9] 인종차별이 한 이유인 것은 명확하다. 흑인은 수십 년 넘게 부동산으로 재산을 형성하기 힘들었다. 1980년대의 형법 강화는 흑인 거주지에 재앙을 안겨주었는데, 크랙 같은 '흑인 마약' 범죄를 코카인 같은 '백인 마약' 범죄보다 더 가혹하게 처벌했기 때문이다.

그러나 켄디의 반인종차별주의 논리는 너무 일차원적이기도 하다. 사실 흑인의 28.1퍼센트만이 대학을 졸업한 반면, 백인 대졸자 비율은 41.9퍼센트, 아시아계 미국인은 심지어 61퍼센트나 된다.[10] 그러나 이것이 미국 학교와 대학이 인종을 차별한다는 증거일까? 흑인 학생이 종종 나쁜 점수를 받는 SAT 시험을 이용해 대학이 입학생을 선발하므로 그 시험이 흑인 학생 차별이라고 켄디는 주장했다. 2021년 통계자료를 보면 SAT 시험에서 흑인은 평균 932점을 받고, 백인은 1,112점, 아시아계는 1,239점을 받았다.[11] 켄디는 SAT가 학생의 지적 능력을 테스트하는 객관적 도구가 아니라고도 주장했다. "재능과 지능을 측정하기 위해 표준화된 테스트를 사용하는 것은 흑인의 지능을 비하하고 흑인을 합법적으로 배제하기 위해 지금까지 고안된 도구들 가운데 가장 효과적인 인종차별 도구다." 그는 SAT를 유색인종의 열등함을 입증하는 데 관심을 두었던 20세기 초 우생학자에 연결했다.[12] 그러나 정말로 그렇다면 어째서 유색인종으로 통하는 아시아계 학생들은 SAT에서 좋은 점수를 받을까?

SAT에서 좋은 점수를 받는 것은 당연히 학생을 가르치는 학교의 질과도 관련이 있다. 그리고 당연히 부모의 교육 수준과 교육열도 큰 역할을 한다. 그러나 이것이 과연 SAT 자체가 인종차별 도구라는 뜻일까? 켄디는 이렇게 썼다. "효과적인 교육체계를 구축하는 최고의 길은 테스트와 교육과정의 표준화가 아니라 모든 학생의 기회를 표준화하는 거라는 사실을 깨달아야 하지 않을까?"

언뜻 합리적으로 들린다. 그러나 표준화된 입학시험 포기가 얼마나 부당할 수 있는지를, 100년이 넘는 역사에서 노벨상 수상자 네 명을 배출한 맨해튼의 공립 엘리트 학교 스타이브센트 고등학교 사례가 잘 보여준다. 스타이브센트 고등학교는 뉴욕에 거주하는 저소득 가정의 재능 있는 학생이 입학시험에 합격하면 이 명문 학교에서 무료로 교육받을 기회를 제공한다. 수십 년 넘게 주로 유대인 가정이 자녀를 이 학교에 보냈지만, 현재는 학생의 70퍼센트 이상이 자녀를 사립학교에 보낼 형편이 안 되는 아시아계 가정 자녀다. 학생의 약 1퍼센트만이 흑인이고, 그래서 스타이브센트 고등학교의 입학허가 기준이 수년 전부터 비판받고 있다.[13] 민주당 소속 빌드블라지오 시장은 2018년에 표준화된 시험을 폐지하려 시도했지만 수많은 부모의 거센 반발로 실패했다. 단지 부모나 조부모가 아시아에서 왔다는 이유로 재능 있는 학생들을 배제하는 것은 정당하지 않기 때문이다.[14]

흑인 문학 교수 셸비 스틸이 1990년에 출간한《우리 캐릭터의 내용》에서 인종차별 담론이 지난 수십 년 동안 얼마나 크게 변했는지를 읽을 수 있다. 제목은 마틴 루서 킹 주니어의 유명한 연설 '나에게는 꿈이 있습니다'에서 착안한 것이다. 이 책에서 스틸은 대다수 흑인이 자신의 삶을 스스로 책임지기보다는 인종차별의 희생자 지위에 적응하는 것 같다고 주장했다. "아직 중산층에 진입하지 못한 수많은 아프리카계 미국인이 오늘날 여러 기준에서 민권운동이 승리하기 전보다 훨씬 더 백인에 뒤처져 있다. 그러나 흑인 미국인 사이에 이 역설을 파헤치길 꺼리는 머뭇거림이 있다. 억압의 이유가 피부색이 아님이 분명하기 때문인 것 같다. 인종차별이 줄고 있는 상황에서 우리 대부분의 상황이 악화되었다면 문제의 상당 부분은 우리 스스로 자초한 것이 틀림없다."[15]

현재 스탠퍼드대학 후버연구소 소속인 스틸의 분석에 반드시 동의할 필요는 없다. 그러나 1990년 초에 셸비 스틸의 책이 최근의 켄디 작품과 비슷하게 많은 논란을 일으킨 것은 흥미롭다.《우리 캐릭터의 내용》은 신랄하게 비판받았지만 전미도서비평가협회상을 수상했다.

어찌 보면 스틸의 책은 켄디의《안티레이시즘》의 대척점에 있다. 스틸은 자기책임을 호소하지만 켄디는 흑인이 겪는 모든 문제를 사회에 내재한 인종차별 탓으로 돌린다. 스틸은 흑인이 스스로를 희생자로 보는 자기 이해를 경고하지만 켄디는 흑인의 성공을 방해하는 모든 장애물을 길에서 치우는 것이 백인의 의무라고 여긴다. 켄디는 법적 평등뿐 아니라 적극적 우대 조치를 통해 흑인을 지원하여 과거의 차별을 치유하고자 한다. 켄디의 논리대로라면 평등은 아프리카계 미국인이 모든 영역에서 백인이나 아시아계 미국인과 똑같아질 때 비로소 이루어진다. 이 목표에 도달할 때까지는 국가가 특권 집단을 차별하는 일을 허용해야 할 뿐 아니라 또한 규율로 정해야 한다는 것이다. 《안티레이시즘》에서 켄디는 썼다. "인종차별주의를 막는 유일한 치료제는 반인종차별주의다. 과거의 차별을 고치는 유일한 치료제는 현재의 차별이다. 현재의 차별을 막는 유일한 치료제는 미래의 차별이다."[16]

무슨 뜻으로 이런 말을 했는지 켄디에게 묻자, 그는 여러 국가에서 코로나 백신을 우선 접종할 수 있었던 노인들의 사례를 들었다. "그것은 차별입니다. 그러나 긍정적 차별이죠. 가장 시급한 수요를 인정한다는 뜻입니다." 국가가 수십 년 넘게 흑인의 재산 증식을 막았다면 배상금 형태로 이를 보전해주는 것은 결코 불공정하지 않다는 것이다.

배상은 몇 년 전부터 미국에서 점점 더 강하게 논의되고, 실제로 노예제 범죄를 크고 확실하게 인정하는 것이 배상하는 하나의 방법일 수 있다. 그러나 미국 정치가 배상에 애쓴다고 해서 끝일까? 켄디의 정책은 인종 간의 모든 물질적 불평등이 해소될 때까지 국가가 계속 애써야 한다는 생각을 기반으로 한다. 이런 완전한 균등이 어떻게 가능할지를 켄디는 이미 상세히 설명했다. 그는 헌법을 개정하여 '반인종차별주의 부처'를 도입하자고 제안했다. 켄디의 바람대로라면 반인종차별주의 부처는 "자발적으로 인종차별적 정책과 사상을 버리지 않는 정부 관료와 정치인을 감시하고 관리하는 권한을 갖는다". 아주 명확히 말하건대 이는 진보의 이름으로 민주주의를 폐지하는 것이다. 이것이야말로 조지 오웰이 말하는 디스토피아다.[17]

켄디의 부상은 트럼프 임기 동안의 특별한 정신적 기류로만 해명될 수 있다. 어찌 보면 이 역사학자는 권위주의 대통령에 대한 결코 진보적이지 못한 대답이다. 그는 무엇이 인종차별이고 무엇이 아닌지 정의하는 독점권을 요구한다. 그리고 그의 영향력은 이미 미국을 넘어 더 넓게 퍼졌다. 켄디의 책들은 여러 언어로 번역되었고 독일에서는 이 미국인 교수를 언급하지 않는 반인종차별주의 작가가 거의 없다. 알리체 하스테르스의《백인이 인종차별주의에 대해 듣고 싶지 않지만 알아야 할 것*Was weiße Menschen nicht über Rassismus hören wollen, aber wissen sollten*》그리고 모하메드 암자히드의 베스트셀러《백색 얼룩*Der Weiße Fleck*》도 켄디를 언급한다. 암자히드는 켄디가 "독일어권에서도 필요한 수많은 보편적 접근방식"을 지향한다고 썼다.

독일의 새 정부는 인종차별 반대 투쟁에 관료주의를 이용하는 켄디의 기본 아이디어를 따른다. 사민당의 림 알라발리 라도반은 독일연방공화국 역사상 최초의 반인종차별주의 장관이다. 사민당, 녹색당, 자민당은 연정 협정에서 2022년 봄에 〈인종차별적 현실〉이라는 연구논문을 발표한 독일 통합 및 이주 연구센터를 지원하기로 약속했다. 114쪽 분량의 이 논문은, 앞으로 독일 인종차별의 본질과 규모를 탐구할 전체 연구 시리즈의 시작에 불과하다.

센터는 〈인종차별적 현실〉을 연구하기 위해 약 5천 명을 전화로 인터뷰했고, 그 결과는 언뜻 보기에 매우 고무적이었다. 독일은 인종차별 감수성이 확실히 높았다. 응답자의 약 90퍼센트가 독일에 인종차별이 존재한다고 생각했다. 그러므로 인종차별의 문제가 부인된다는 주장은 틀렸다. 논문 저자들 역시 그렇게 썼다. "인종차별이 실제로 존재한다는 사실을 거의 모든 국민이 인식한다." 동시에 응답자의 47퍼센트는 과거 5년 안에 인종차별적 발언에 반대했고, 34.9퍼센트는 앞으로 그렇게 할 것이라고 답했다. 약 3분의 1이 인종차별 반대 시위에 참여하겠다고 선언했다.[18]

그럼에도 이 논문의 어조는 시종일관 비관적이다. 왜 그럴까? 논문 저자들은 특히 "국민의 절반이 반사적 방어반응 또는 인종차별을 대수롭지 않게 여기는 태도를 보인다"고 지적했다. 이런 과감한 주장의 근거를 대기 위해 그들은 응답자에게 다음의 진술을 제시했다. "그저 어디에서 왔는지 묻는 것을 인종차별이라 비난하는 것은 터무니없는 일이다." 60퍼센트 이상이 이 진술에 완전히 또는 상당히 동의했다. 70퍼센트 이상은 다음의 진술에 동의했다. "발언이 인종차별적인지 아닌지 판단하려면 그 발언의 의도를 파악해야 한다."

그러나 터키, 아프리카 또는 아시아계 사람한테 출신지를 묻는 것이 정말로 인종차별을 사소하게 보는 태도일까? 이런 질문에도 이민 이야기에 대한 진정한 관심이 들어 있지는 않을까? 이런 질문을 '인종차별'로 규정하려면 논문 저자들이 그러했듯 미세공격 개념 인용이 필요하다. 논문의 참고 문헌 목록에는 이 책 '대학 문화: 침묵 수도원이 된 대학'에서 설명한 데럴드 윙 수의 논문이 들어 있다. 저자들은 아주 사소한 일상적 부주의까지 인종차별 행위로 바꿔놓는 데 데럴드 윙 수의 논문을 이용했다.

〈인종차별적 현실〉을 더 자세히 읽어보면, 저자들이 미국의 반인종차별주의 담론과 더불어 그것의 모든 독단과 모순까지 모조리 독일에 적용하려 애쓴다는 것이 금세 명확해진다. 미국 문헌을 참고하여 인용했듯이 노골적인 인종차별이 줄어든 것은 그들이 보기에 사회가 더 관용적이고 더 자유롭게 발전했다는 증거가 아니라, 인종차별이 "교묘하게 감춰지고 간접적 형식을 취하는" 새로운 단계로 넘어가는 과도기적 특징에 불과했다. 결국 그들에게는 인종차별이 의도적이냐 아니냐를 따지는 것은 전혀 중요하지 않았다. 인종차별의 희생자가 이를 의도적인 것으로 인식하느냐 아니냐는 그들에게 전혀 중대한 일이 아니었다. "선을 긋고 배제하는 사람들조차도 인종차별을 직접 당하는 사람들을 언제나 의식하지는 않기" 때문이란다.

물론 가혹하고 노골적인 인종차별이 독일에 여전히 있다. 그러나 이 논문의 저자들은 자신의 분노를 가면 뒤에 숨기는 주류 사회에 더 관심이 있는 것 같다. 특히 진보적 성향의 사람들이 자신의 "배타적 성향"을 스스로 인정하지 않음으로써 긍정적 자아상을 유지하려 애쓴다는 것이다. "그들은 배타적이라는 비난을 분노로 부인하고, 예를 들어 자녀를 위한 학교의 질이나 동네의 안전을 내세워 자신의 배타성을 정당화한다."

이 지점에서 잠시 숨을 고를 필요가 있다. 이 주장이 바로 반인종차별주의가 어떤 독성 기류를 만들어낼 수 있는지 보여주기 때문이다. 부모가 자녀에게 최고의 교육 환경을 제공하는 일에 관심을 두는 것은 당연하므로, 1학년 교사가 모든 학생을 무난한 언어 수준으로 교육하고자 애쓰는지 확인하려는 학부모의 자세는 완전히 합법적이다. 이런 관심을 위장된 인종차별로 비방하는 것은 매우 부당할 뿐 아니라 우파 포퓰리즘을 부추기고 번성하게 한다.

미국식 반인종차별주의가 앞으로 몇 년 안에 독일 관료주의에 깊숙이 침투할 거라는 데 많은 사람이 동의한다. 독일 정부의 넉넉한 지원을 받는 독일 통합 및 이주 연구센터는 무엇보다 2020년에 최초로 이른바 '아프로센서스Afro-census', 즉 독일 흑인의 현황 조사를 발표하는 데 도움을 주었다. 아프로센서스는 대표성을 주장하지 않는다. 그러나 연구 결과와 정치적 요구는 매우 명확하고 포괄적이다.[19]

아프로센서스 보고서는 구조적 인종차별을 막기 위한 여러 정치적 단계를 요구한다. 독일 대학교에 '인종차별 비판'을 요구한다. 흑인 인종차별 반대를 주제로 하는 독일 의회 전문위원회를 요구한다. '흑인 인종차별 반대 주류화'를 구현하여 "흑인, 아프리카계 사람들의 이익이 근본적이고 체계적으로 고려되도록" 모든 법률과 규정을 면밀히 조사하라고 요구한다.

아프로센서스 보고서에는 켄디의 작업으로 생긴 모순이 들어있다. 국가는 한편으로 '제도적 인종차별'의 근원으로 깊이 의심받는다. 다른 한편으로 관료주의 도구상자로 새로운 반인종차별적 세계를 만들 수 있다는 믿음이 거의 무한하다. 슐레스비히홀슈타인 주정부가 2021년 여름에 채택한 210쪽 분량의 〈인종차별에 반대하는 주정부 행동 계획〉은 이런 계획들이 벌써 얼마나 많이 진행되었는지를 보여준다. 〈인종차별에 반대하는 주정부 행동 계획〉은 독일 관청의 꼼꼼함을 보여주는 인상적인 문서다. 슐레스비히홀슈타인 주정부는 수백 개의 하위 항목에서 인종차별에 맞서기 위해 이미

취해진 조치와 앞으로 해야 할 일을 꼼꼼이 설명한다.[20]

86쪽에 보면 슐레스비히플렌스부르크 구역의 행정기관, 학교, 보육기관의 직원들은 교육과정을 통해 그들의 '지적 역량'을 강화한다. 주정부는 87쪽에서 인종차별을 비판하는 언어 지침을("담당 부서: 총리실") 약속한다. 정치교육 담당 부서는 "정치교육, 특히 50세 이상 성인을 위한 정치교육 프로그램이 인종차별 비판 주제를 얼마나 강하게 다루는지 검사한다".

물어볼 것도 없이 인종차별에 맞서 싸우는 것은 국가의 임무다. 그러나 반인종차별주의가 관료주의의 영구 동력기가 될 위험뿐만 아니라 끊임없이 인종차별을 고발하고 이를 통해 자신의 작업을 정당화하는 연구자와 활동가들의 자급자족 시스템이 될 위험도 있다.

이브람 켄디 관료적으로 영구화된 반인종차별주의

새로운 종교

내 탓이오, 내 탓이오, 내 큰 탓이로소이다

2021년 4월에 브레멘극장 홈페이지에 극장 대표 미하엘 뵈르거딩의 글이 게시되었다. 제목에서 밝혔듯이 "일로 만난 사이"인 아르민 페트라스 감독에 관한 글이었다. 페트라스와 어느 정도 거리를 두는 것이 좋겠다는 뵈르거딩의 마음이 명확히 읽히는 제목이었다. 페트라스는 브레멘극장의 전속 예술감독이고 독일 연극계의 오랜 거장으로 별도의 설명이 필요 없는 사람이다. 그는 배우들과 신중하게 관계 맺기로 유명했고 6년 동안 베를린의 유명한 막심고리키극장을 지휘한 진보적 예술가다.

그런 페트라스가 헤드라인을 장식했다. 2019년에 뒤셀도르프에서 〈당통의 죽음〉을 각색한 연극을 연습할 때, 흑인 배우 론 이야무의 배역 이름을 제대로 부르지 않았기 때문이다. 이야무가 맡은 배역 이름은 '노예였던 투생 루베르튀르'였다. 그러나 페트라스는 연습 때 종종 짧게 줄여서 '노예'라고만 불렀고, 이 일은 나중에 〈독일 연극계의 인종차별에 대한 체험 보고서〉라는 부제가 달린 이야무의 석사 논문에서 다른 사례들과 함께 공개되었다.[1]

좌파 성향 일간지 〈타츠〉가 '인종차별 스캔들'이라 이름 붙인 이 사건은 언론에 큰 파장을 일으켰다. 서부독일방송WDR이 이 사건을 보도했고 《차이트》를 비롯한 거의 모든 대형 잡지 및 신문이 이 사건을 다뤘다. 노트라인베스트팔렌 주정부 문화부 장관인 이자벨 파이퍼퓐스겐과 뒤셀도르프 시장 슈테판 켈러가 철저한 조사를 요구했다. 뒤셀도르프극장이 즉시 사과문을 발표했다. "사건을 보다 철저하게 처리하지 못한 점에 대해 매우 유감스럽게 생각합니다." 뒤셀도르프극장 대표 빌프리트 슐츠는 인터뷰를 통해 실수를 인정했지만 이야무는 받아들이지 않았다. "지금 이것은 실수가 아니라 연극계에 오랫동안 존재해온 인종 및 성차별적 구조에 관한 얘기다." 이야무가 자신의 인스타그램에 썼다.

이야무 사건은 큰 주목을 끌었고 뒤셀도르프극장 대표 슐츠가 자리에서 물러날 수밖에 없을 거라는 소문이 파다하게 퍼졌다. 브레멘극장 대표 뵈르거딩 역시 자신의 평판을 걱정한 것 같다. 그는 "극장 대표로서 왜 이 예술가를 채용했는지" 해명하고자 했다. 뵈르거딩은 긴 글에서 페트라스가 독일 연극계에 미친 공헌에 경의를 표했다. 그의 상세한 설명은 페트라스가 이야무에게 보낸 사과 메일로 시작하는데 페트라스 감독이 배우에게 보낸 사과 메일 내용을 상세히 인용했다.

"먼저 이 모든 일에 대해 사죄드립니다. 귀하가 저와 작업하며 함께 보낸 시간이 이 사회에서 흑인 독일인으로 받는 귀하의 고통을 덜어주기는커녕 오히려 증가시킨 데 사죄드립니다. (…) 저는 우리가 뷔히너의 혁명적 부르주아 프로젝트 너머에서 프롤레타리아

새로운 종교 내 탓이오, 내 탓이오, 내 큰 탓이로소이다

계급투쟁, 여성해방 투쟁, 억압과 노예제에 맞선 식민지 투쟁을 다루는 텍스트를 찾은 일을 기억합니다. (…) 최종 리허설 때 저는 우리가 가는 길이 자랑스러웠습니다. 이제 그 자랑스러움은 실제로 거의 남아 있지 않습니다. 제가 연습 때 귀하를 우리 둘이 발전시킨 인물의 이름인 '노예'라고 불렀다면, 그것은 약 스무 명에 달하는 다른 배역 이름 중 우선 가장 넓은 의미에서 '유용해' 보였기 때문일 것입니다. 제가 기억하는 한, 이렇게 부르지 말라는 귀하의 요구를 저는 즉각 받아들였습니다."

뵈르거딩은 페트라스의 허락을 받고 이 메일을 공개했다. 페트라스는 공개 전에 뵈르거딩의 글을 읽어볼 수 있었다.

첫 번째 버전을 읽은 후 페트라스는 자신의 실수를 더 강하게 강조해달라고 뵈르거딩에게 다급하게 요청했다. 페트라스는 배역 이름을 '노예'로 축약한 것이 바로 "가장 큰 실수였다"고 대문자로 강조해서 썼다. "요약하자면 제가 바라는 것은 제 실수를 더 명확히 강조하고 더 생생하게 드러내는 것입니다. 그러나 동시에 어느 누구도 인종차별에 면역되지 않았다는 것, 그러니까 모두가 잠재된 인종차별주의자임을 보여주는 것입니다……."

내가 여기에 이 모든 것을 아주 상세하게 기술하는 까닭은 페트라스의 사죄가 아주 먼 옛날에나 있을 어조를 취했기 때문이다. 이야무가 상처받았다면 당연히 항의할 수 있다. 그러나 이야무는 개인의 사죄는 더 큰 구조적 문제를 가리려는 시도에 불과하다고 주장했다. 이야무는 자신의 석사 논문에 다음과 같이 썼다. "나는 지금까지 수년 동안 인종차별 주제에 몰두할 수밖에 없었고 이 작업에서 나는 백인 위주의 극장 세계에 인종차별이 깊이 뿌리내리고 있다는 사실을 점점 더 명확히 확인했다."

그러니까 페트라스가 이야무의 요구에 충분히 응하려면 개인의 실수를 사과하는 것만으로는 부족하다. 그는 인종차별적 시스템의 대표자로서 자기 자신을 비판하는 동시에 앞으로 이에 맞서 투쟁하겠다고 맹세해야 한다. 실제로 페트라스는 그렇게 했다. "오늘날에는 인종차별주의자가 되지 않는 것만으로는 부족합니다. 인종차별에 반대하는 태도를 취해야 하고, 이 태도는 언어, 동작, 사진, 행동으로 영구적으로 드러나야 합니다. 탈의실이든 커피 자판기 앞에서든 연극 연습 때든, 때와 장소를 가리지 말아야 합니다."[2]

구동독 출신 연극비평가 케르스틴 데커가 한 칼럼에서 페트라스 사건에 대해 "오늘날 '깨어 있음'이라고 부르는 것이 어제는 '혁명적 각성'이라 불렸다"고 썼고, 실제로 페트라스의 사죄에서는 공산주의에서 볼 수 있는 형식화된 자기비판 느낌이 물씬 풍긴다. '혁명적 각성'은 스탈린 치하에서 유행한 용어다.[3]

이 용어로 스탈린은 밀고 시스템을 확립했을 뿐 아니라 피고인이 검사와 판사의 역할을 동시에 수행하는 새로운 징계 규칙을 만들어냈다. 볼셰비키는 최신 당 노선을 내면화하는 데 만족하지 않았다. 가장 사소한 실수까지도 공개적으로 밝히고 자신을 채찍질할 준비가 되어 있어야 했다. "비판과 자기비판의 내면화 요구는 충성스러운 간부들에게 스탈린주의 윤리를 뿌리내리고 영구적인 공적, 사적 자기 검열을 통해 죄가 될 만한 모든 생각, 의심, 행동, 연루, 유혹을 자기 자신과 당 전체에 드러낼 각오가 된 '신인新人'을 육성하

새로운 종교 내 탓이오, 내 탓이오, 내 큰 탓이로소이다

기 위함이다." 사회학자 클라우스 게오르그 리겔이 〈'정치 종교'가 된 마르크스-레닌주의〉라는 제목의 논문에 쓴 내용이다.[4]

미국 역사학자 앤 애플바움은 《애틀랜틱》 기사에서, 인터넷 시대의 즉각적인 도덕 재판 공포를 1940년대 중부유럽의 소련화 시대의 공포 분위기와 비교했다. "신체와 생명에 직접적인 위험이 없더라도 사람들은 (…) 자신이 믿지 않는 슬로건을 퍼뜨리거나 개인적으로 경멸하는 정당 앞에 공개적으로 머리를 숙여야 한다는 의무감을 느꼈다."[5]

공산주의에 빗대는 것이 과도한 비교일까? 스탈린 시대의 자기비판이 현재와 무슨 관련이 있을까? 독일 또는 미국에서 아무도 국가적 강요를 두려워할 필요는 없다. 자신의 의견을 표현하더라도 굴라크*에 갇히지 않는다. 그럼에도 인터넷의 집단 린치와 인사부의 비겁함, 대학과 문화계의 획일적 사고는 위축과 불안을 조성하여 열린 논쟁을 질식시킨다. 냉철하게 현실을 직시하게 하려 애썼다는 이유로 미국 민주당에서 데이비드 쇼어 같은 사람이 해고되는 사태를 어떻게 설명할 수 있을까? 페트라스 같은 저명한 감독이 실수 하나로 용서를 구할 뿐 아니라 인종차별적 시스템의 대표자로 뭇매를 맞는 일이 어떻게 가능할까?

백과사전은 종교를 "교육, 실천, 공동체 형태로 인간 사회와 개인의 '궁극적'(의미를 묻는) 질문을 받아들이고 답하려 노력하는 신앙 시스템"이라고 설명한다. 이 개념 정의대로라면 언어학자 존 맥

---

*   정치범 수용소나 노동 교화소를 담당한 소련 정부 기관

홀터가 자신의 책《깨어 있는 인종차별*Woke Racism*》에서 했듯이 미국식 반인종차별주의에서 구원 교리의 특징을 보는 것은 무리가 아니다. '백인 특권'이라는 이름으로 원죄 개념이 다시 돌아온다. 원죄는 사라질 수 없고 오로지 끊임없는 후회와 자기 인식 과정을 통해서만 최소화될 수 있다. 반인종차별주의 훈련은 현재 여러 미국 기업에서 표준 레퍼토리에 속하고 이제 독일에서도 인기를 얻고 있다. 그것을 자세히 살펴보면 신자들이 내적 도덕성을 엄격히 주시하도록 강제하는 양심 성찰과 놀랍도록 흡사하다.

반인종차별주의 작가 로빈 디앤젤로의 책은 회개하는 죄인에게조차 구원을 약속하지 않고, 오직 영구적인 자책의 험난한 길만 요구하는 성직자의 냉혹함으로 가득하다. 디앤젤로뿐 아니라 켄디 역시 저주받은 자(백인)와 구원받은 자(유색인종)가 있는 세상을 창조한다. 다만 신성한 죄의 심판이 사후가 아니라 태어날 때 이미 내려진다. 앞에서 다뤘듯이 개인 책임의 원리를 부정하는 것이 켄디의 핵심 주장이다. 그러나 그의 주장은 가식적 이론이거나 가부장적 이론이다. 기본적으로 흑인의 행복과 비애가 오로지 백인들이 자신의 죄와 실수를 인정하고 고치는 데 달려 있다는 견해에 지나지 않는다. 개인 책임이 없는 곳에는 스스로 억압에서 해방될 길 역시 없기 때문이다.

이런 가부장적 이념이 어두운 세계관에 부합하는 것은 우연이 아니다. 〈뉴욕타임스〉의 '1619 프로젝트'처럼 노예제를 미국의 건국신화로 선언한다면 미국 건국의 가치를 왜 여전히 믿어야 한단 말인가? 민주주의를 비인간적 착취 시스템을 은폐하기 위한 껍데

기로 보는 것이 오히려 더 논리적이지 않나? 미국에서 진보 진영이 통합적이고 긍정적인 메시지를 내기가 점점 힘들어지는 더 깊은 원인이 여기에 있다. 유고브와 영국의 《이코노미스트》가 실시한 2021년 여론조사를 보면 바이든에게 투표한 유권자의 40퍼센트가 미국이 소수자 권리에서 세계 꼴찌라고 생각했다. 사실과 거리가 먼 예상이다. 심지어 민주당 지지자의 약 50퍼센트는 미국이 난민과 이주민을 세계에서 가장 형편없이 대우한다고 여겼다. 역시 기괴한 오판이다.[6]

물론 의심의 여지 없이 미국은 소수자를 다루는 데 미흡하고 이민자에 대한 적대감도 당연히 존재한다. 다만 놀랍게도 트럼프에게 투표한 유권자들이 적어도 부분적으로는 미국의 상황을 더 현실적으로 본다. 미국이 외국인과 동성애를 혐오하는 국가라는 신념, 새로운 종교의 안경을 통해서만 현실을 볼 때 갖게 되는 이런 신념에 사로잡힌 진보 진영보다 트럼프 지지자들이 확실히 더 현실적이다.

현재의 미흡한 점을 더 밝고 유토피아적인 미래와 대비시키는 것은 정치적 좌파의 본성에 속했다. 그것이 언제나 좌파의 강점이었고, 좌파는 거기서 에너지를 가져왔다. 노동조합 설립, 노예제 종결, 여성참정권, 민권법, 동성혼을 위해 투쟁하는 사람이 없었더라면 이 모든 것은 그저 꿈으로만 남았을 터다. 그러나 현재의 분석이 현실과 동떨어진다면 문제가 시작된다. 2019년 2월 베를린의 울슈타인 출판사는 《당신의 조국은 우리의 악몽이다》라는 제목으로 저명한 좌파 작가들의 선집을 출판했다. 이 책의 서문에서 독일은 "남성이 모든 권한을 갖고 여성은 삶의 다른 현실 없이 그저 출산과 양육만

을 담당하는 가정"을 이상적으로 보는 국가로 묘사된다.[7]

작가는 국가사회주의 지하운동의 테러나 하나우에서 벌어진 살해 사건 같은 가장 끔찍한 형태의 인종차별이 명확히 존재하는 국가를 주관적으로 판단할 권한이 있다. 그러나 앙겔라 메르켈 시대 말기에 출판된 책에서 어떻게 독일에서 오직 남성만이 모든 권한을 가졌다는 결론을 내릴 수 있단 말인가? 지난 30년 동안 여성 직장인 비율이 57퍼센트에서 약 72퍼센트로 상승하여 남성 비율보다 아주 조금 낮은 국가에서 어떻게 여성이 "그저 출산과 양육만을 담당"한단 말인가? 그리고 독일이 모든 이민자에게 '악몽'이라면 도대체 왜 2009년과 2019년 사이에 이탈리아에서 14만 명, 그리스에서 9만 5천 명, 영국에서 2만 4천 명, 이스라엘에서 6천 2백 명이 독일로 이주했을까? 도대체 왜 2015년에 시리아, 아프가니스탄, 이라크에서 수십만 명이 하필이면 독일로 오고자 했을까? 그리고 당시에 이스라엘 역사학자 톰 세게프는 왜 "난민 대하는 법을 독일에서 배워야 한다"고 썼을까?

이념에 기초한 현실 무시와 자기비판 사이에는 미세한 경계선이 있다. 진보적 프로젝트가 이 선을 넘는 순간, 시민들은 지지를 거둔다. 조지 플로이드가 살해된 뒤 '흑인 목숨은 소중하다' 운동을 지지하는 물결이 미국뿐 아니라 독일에도 있었다. 미국 여러 도시에서 시민들이 모여 저항운동에 동참했다. 베를린에서도 2020년 6월에 수천 명이 알렉산더광장에서 시위했다. 워싱턴의 우리 동네에는 당연히 지금도 세 집 건너 하나씩 '흑인 목숨은 소중하다' 팻말이 정원에 꽂혀 있다. 그러나 기이하게도 저항은 아무 결과를 낳지 않

새로운 종교 내 탓이오, 내 탓이오, 내 큰 탓이로소이다

았다. 이유가 뭘까?

　몇몇 급진적 활동가들은 '흑인 목숨은 소중하다' 운동의 핵심 구호인 '경찰 예산 삭감하라!'를 경찰 전체를 해체하라는 요구로 이해했다. 조지 플로이드가 살았던 미니애폴리스에서는 경찰을 '새로운 모델의 공공 치안'으로 대체하자는 제안이 있었다. 실용적으로 사고하는 사람이라면 이 제안을 듣는 즉시 아주 단순한 의문이 생기기 마련이다. 밤에 침입자가 문을 따고 들어오면 어디에 신고해야 하는 걸까? CNN 진행자가 시의회 의장 리사 벤더에게 정확히 이렇게 물었을 때, 리사 벤더가 대답했다. "특권을 누리는 위치에 있는 사람만이 그런 질문을 할 겁니다." 벤더가 선거에서 이보다 더 큰 선물을 공화당에 안겨줄 수는 없었으리라. 큰 무대에서 완전히 정당한 질문을 받은 시의원이 그에 합당한 답을 하지 않고 반인종차별 종교의 교리에만 충실했다.

　돌이켜 보면 '경찰 예산 삭감하라!'는 구호가 민주당 진영에 가장 큰 피해를 준 것 같다. 2020년 11월 대통령 선거(동시에 의원 선거도 있었는데 민주당은 하원에서 13석을 잃었다) 이후에, 온건파 의원 아비가일 스팬버거는 내부 회의에서 유권자들의 가장 큰 우려가 바로 경찰 예산 삭감이라고 지적했다. 민주당이 2020년 의원 선거가 나름 성공적이었다고 스스로 위안한다면 "2022년에는 박살이 날 것"이라고 스팬버거가 예언했다.[8]

　'경찰 예산 삭감하라!' 구호 뒤에는 미국 경찰이 구조적 인종차별에 너무 깊이 물들어 개혁만으로는 부족하다는 견해가 들어 있다. 물론 구조적 인종차별이라는 용어가 완전히 틀리지는 않았다.

미국에는 체계적으로 흑인에게 불리한 법안이 오랫동안 있었다. 그리고 공화당이 미국 남부에서 흑인 유권자가 투표하지 못하게 하는 법안을 통과시킨 것은 의심할 여지 없이 소수자를 체계적으로 억압하려는 시도다.

그러나 확실히 대다수 미국인은 경찰이 인종차별적 억압 수단의 조력자라고 생각하지 않는다. 2021년 9월 여론조사를 보면 경찰 예산 삭감에 동의하는 미국인은 15퍼센트에 불과했다. 심지어 아프리카계 미국인의 38퍼센트가 경찰력 강화에 동의했다. 그 이유는 아마도 흑인이 백인보다 더 많이 우범지대에 살고 그래서 경찰의 도움에 의존하기 때문이리라. 2021년 11월에 기존 형식의 경찰을 없애려는 미니애폴리스시 당국의 계획이 시민들의 거부로 실패했다.[9]

미국에서 제도 종교의 감소와 정치 종교의 증가가 나란히 진행되는 것은 특이한 현상이다. 갤럽 조사에 따르면 2020년에 종교 공동체에 소속된 미국인이 역사상 처음으로 과반을 넘지 못했다. 47퍼센트. 1999년에 70퍼센트에 달한 것과 비교하면 아주 극적인 후퇴다.[10] 동시에 트럼프의 공화당은 글자 그대로 복음주의 운동과 하나가 되었다. 대통령 집무실인 오벌 오피스 주인으로 당선되기 전에 포르노 스타와 바람을 피운 것으로 보이는 트럼프는 백악관에서 낙태 반대운동 옹호자를 자처하며 보수적 판사 세 명을 미국 대법원 판사로 임명했다. 반면 정체성 정치에 몰두하는 좌파는 독단과 터부를 합리적 주장이라 여기는 시스템을 관철하려 애쓴다.

의문 제기가 금지된 교리를 공식화하는 것이 종교의 핵심 본질

새로운 종교 내 탓이오, 내 탓이오, 내 큰 탓이로소이다

이다. 마리아의 동정녀 잉태는 생물학 지식에 부합하지 않고 마찬가지로 무함마드의 승천은 물리학 지식에 부합하지 않지만 인간이 이해할 수 없는 신비를 담고 있는 점이 바로 종교의 매력이다. '백인 특권'이 바로 그런 교리다. 미국에서 백인이 수많은 이점을 누리는 것은 논란의 여지가 없다. 그들은 더 빈번하게 부유한 가정에서 성장하고, 시설이 더 잘 갖춰진 학교에 다니며, 경찰 폭력의 희생자가 될 확률이 더 낮다. 그러나 이것이 과연 모든 백인이 태어날 때부터 다른 피부색을 가진 사람들보다 유리한 특권을 누린다는 반증일까?

냉철하게 보면 오바마의 딸들은 시카고의 백인 공장노동자 자녀들보다 훨씬 더 좋은 출발 기회를 가졌다. 미국의 오피오이드 위기*는 여러 해 동안 특별히 백인 남성들에게 큰 타격을 주었다. 미국에서 백인 교수들이 흑인이나 아메리카 원주민 정체성으로 위장하는 사례가 많다. 그런 정체성을 가졌을 때 학계 사다리에서 더 높이 오르기가 확실히 더 쉽기 때문이다. 예를 들어 역사학자로서 눈부신 경력을 쌓고 조지타운대학 교수로 학생들을 가르친 제시카 크루그의 거짓이 2020년 가을에 발각되었다. 그녀는 흑인 부모의 자녀로 뉴욕 빈민가인 브롱크스에서 성장했다고 주장했다. 그러나 사실은 캔자스시티 교외의 백인 유대인 가정의 딸이었다.[11] 많은 백인 대학 지원자가 입학허가 기회를 높이기 위해 자신의 인종을 거짓으로

---

* 1990년대에 오피오이드 계열 약물 남용, 오용, 중독 등의 문제로 많은 사망자가 발생한 사건

적는다. 이것은 미국에서 백인으로 살아도 불이익을 당할 수 있다는 사실을 보여준다.[12] 그럼에도 '백인 특권' 교리는 동정녀 잉태 교리처럼 방어된다.

백인에 대한 인종차별은 있을 수 없다는 생각도 마찬가지다. 이런 생각 뒤에 담긴 논리에 따르면, 인종차별은 백인이 다른 피부색을 가진 사람들을 억압하기 위해 발명한 시스템이기 때문에 백인에 대한 인종차별은 있을 수 없다. 심리학자 나타샤 켈리가 썼다. "백인에 대한 인종차별은 (…) 없고 있었던 적도 없다. 더하여 우리는 역사를 거슬러 올라가 권력의 균형을 역전시키고, 백인을 억압하고, 그들의 개인적·집단적 발전을 막아야 한다."[13]

독일인은 역사를 조금만 거슬러 올라도 백인이 추방되고 가스실로 끌려간 시대에 다다른다. 그러나 반인종차별주의 논리에는 종종 홀로코스트 희생자를 위한 자리가 없다. 오히려 홀로코스트가 방해가 된다고 주장하는데, 독일의 식민지 범행 역사를 가리기 때문이라는 것이다. 이제 이런 역사관이 공영방송에도 퍼졌다. WDR의 인터넷 채널인 〈크바르크스*Quarks*〉 웹사이트에는 최근까지 인종차별이 언제나 극단적 폭력으로 자행된다고 적혀 있었다. "역사에서 이런 식으로 백인에게 영향을 미친 비교할 만한 과정이 없었다. 백인은 수 세기 넘게 체계적으로 노예화되지 않았고, 개별 집단이 완전히 사라질 정도로 살해되지 않았으며, 자원을 강탈당하지 않았다." 포그롬과 아우슈비츠에 대해 전혀 모를 때만 이렇게 말할 수 있다.[14] 현재 WDR은 이 문장을 인터넷 기사에서 삭제한 상태다. 내용 수정의 이유를 다음과 같이 밝혔다. "백인에 대한 인종차별이

새로운 종교 내 탓이오, 내 탓이오, 내 큰 탓이로소이다

과연 존재하느냐는 수많은 질문과 그 질문에 대한 오해가 있어 몇몇 문단을 수정했다."

인종차별 비판에는 자기 잘못에 대한 성찰과 내적 독백이 포함된다. 과거에 진보 성향의 매체를 구독한 사람은 이런 자책을 자주 만났을 터다. 작가 프리데만 카릭이 〈남부 독일 신문〉에서 트레이너의 도움을 받아 어떻게 자신의 내적 인종차별을 발견했는지 전했다. 글은 백인으로서 누리는 자신의 특권을 고백하는 것으로 시작되었다. "나의 국적, 교육을 통한 발전, 경력 기회, 부유함, 무결점, 모든 것이 대체로 미리 정해져 있었다." 이어서 카릭은 독일의 식민지 역사를 요약하고 성찰을 시작했다. 그는 트레이너에게 자신이 옛날에 어떤 백인에게 집을 임대한 일을 들려주었다. "전형적이네요." 트레이너가 대답했다. 카릭은 그저 스트레스를 피하고 싶었다고 자신을 정당화했다. 그러자 트레이너가 "당신의 의도가 구조적 인종차별에 결정적이진 않지만 영향은 미칩니다"라고 반박했다. 카릭은 이렇게 썼다. "내 안에서 뭔가 거부감이 들었다. 나는 인종차별주의자가 아니라고 방어하고 싶었다. 그러나 그다음 깨달았다. 트레이너의 말이 옳았다."[15]

이것은 고해소의 대화와 비슷하다. 다만 죄인이 대규모 청중 앞에서 고백할 뿐이다. 회개는 물론이고 자신의 잘못을 알 뿐 아니라 잘못을 공개적으로 인정할 줄 아는 깨달은 사람이라는 증표가 당연한 듯이 더해진다. 그렇게 자책은 자기 높임이 된다. 《차이트》의 한 편집자는 데이팅 앱 틴더에서 백인 여성하고만 데이트하는 이유를 밝히며 다음과 같이 썼다. "내가 백인으로서 대중에게 영향을 미치고 혹여 인종차별적으로 행동했는지 두려움 없이 성찰하는 글을 쓸 수 있는 것 역시 특권이다." 카릭의 칼럼처럼 이 글은 자아를 성찰하는 여정이고 역시 자신의 부족함을 고백하는 것으로 끝난다. "어쩌면 나는 그래서 터키 부모를 가진 여성과 결코 사랑에 빠지지 못했을 터다. 그들은 놀이터에서 언제나 다른 사람들이었으니까."[16]

최근에 이런 방식의 공개적 고백을 지칭하는 용어가 만들어졌다. '버추 시그널링Virtue Signaling.' '미덕 과시' 정도로 번역하는 것이 가장 적절하고 다소 부정적인 뉘앙스가 담긴 용어다. 단어 선택을 신중하게 하거나 인종차별에 확고히 반대하는 태도를 취하려 애쓰는 일을 항상 자기 이익을 위한 것이라 단정하는 것은 부당하다. 진보적 담론을 빠짐없이 이해하려 노력하고 독일에서 모든 미세공격의 어머니로 간주되는 질문인 "어디 출신입니까?"를 묻느니 차라리 혀를 깨물 그런 사람을 나는 많이 알고 있다.

다른 한편 회개하는 죄인의 자세에는 장점도 있다. 백인으로서 누리는 특권을 열심히 성찰하는 사람은 적어도 시대의 징후를 알아차린 사람이다. 백인 이성애자가 여전히 장관, 이사장, 편집장이 돼야 하는 마땅한 근거를 대기는 매우 어렵다. 자신의 특권적 정체성의 오점을 없앨 유일한 방법은 이를 비판적으로 보는 것뿐이다. 그렇게 보면 백인 남성 상사가 가부장제를 비판하는 것은 왜 진작 여성 또는 이민자를 위한 자리를 만들지 않았냐는 눈앞의 질문을 피하기 위한 전술이기도 하다.

지나치게 경직된 종교가 반사적 거부감을 유발하는 것은 자명하다. 미국 공화당은 백인 유권자가 인종차별 시스템의 수혜자라는

새로운 종교 내 탓이오, 내 탓이오, 내 큰 탓이로소이다

집단 비난을 막아주고 얻을 수 있는 막대한 잠재 이익을 알아차렸다. 좌파의 반인종차별주의 교리에 공화당은 일괄사죄*로 맞섰다.

* 개별 고백이 불가능할 때 한 번에 참회자 전체의 죄를 사해주는 것을 뜻하는 가톨릭교회 용어

크리스토퍼 루포

우파의 취소 문화

2021년 11월 초 어느 화요일 저녁, 검은 머리에 마른 체형인 한 남자가 티셔츠에 청바지 차림으로 플로리다 올랜도에 있는 힐튼호텔 연회장을 가로질렀다. '전국 보수 콘퍼런스National Conservatism Conference' 폐막 만찬을 위해 잘 차려입은 수많은 백발 신사와 그들의 아내 사이에서 그는 단연 돋보였다. 36세의 크리스토퍼 루포는 이날 만찬의 스타였다. 버지니아 주지사 선거에서 공화당 후보 글렌 영킨의 승리가 예상된다는 뉴스가 전해지자 루포는 주먹을 불끈 쥐었다. 영킨에게 비판적 인종 이론이라는 강력한 선거운동 주제를 제공한 사람이 바로 루포였기 때문이다. 생전 처음 보는 남자들이 루포의 어깨를 두드렸다. 나중에 루포가 호텔 바에서 마치 자신이 대통령 후보인 듯이 행동할 때, 공화당의 몇몇 전략가들은 공화당이 백악관을 탈환할 공식을 그가 찾아냈다고 믿었다.

루포는 최근 몇 년 동안 아마도 미국에서만 가능할 경력을 쌓았다. 이탈리아 이민자의 아들인 그는 이른바 미국 엘리트 관료들을 위한 외교관 사관학교인 월시 스쿨에서 공부했다. 그러나 루포는 탄탄대로인 외교관의 길을 가지 않았다. 졸업 후 그는 관객 동원력이 다소 낮은 다큐멘터리영화를 제작하기 시작했다. 그가 제작한 〈듄스의 다이아몬드 *Diamond in the Dunes*〉는 시네마 베리테* 스타일의 약 1시간 분량의 다큐멘터리다. 이 영화는 루포가 동행 취재한 중국 신장지구의 한 야구팀 이야기를 들려주는데 무슬림인 위구르족과 중국 한족이 한팀이다.

지금도 아마존에서 빌려볼 수 있는 이 영화를 보고 나면 어쩔 수 없이 묻게 된다. 불과 몇 년 전까지만 해도 아주 조용하고 신중한 다큐멘터리영화를 제작한 한 남자가 어떻게 미국에서 가장 떠들썩하고 영향력 높은 활동가가 될 수 있었을까? 어떻게 올랜도에서 군중의 환호를 받으며 다음과 같은 말로 자신을 소개하는 미국 우파의 영웅이 되었을까? "저는 〈뉴욕타임스〉 독자들에게 특히 거짓말쟁이, 인종차별주의자, 선전선동가로 잘 알려져 있을 작가이자 다큐멘터리영화 감독인 크리스토퍼 루포입니다."

루포가 대중의 뜨거운 시선을 받기 시작한 것은 2020년 9월 2일, 미국 대통령 선거 두 달 전 〈터커 칼슨 투나잇〉 방송에 출연하면서다. 칼슨은 우파 성향의 텔레비전방송 폭스뉴스의 스타이고 트럼프 역시 그의 쇼를 챙겨보는 팬이었다. 루포는 이 쇼 출연이 자신을 완전히 새로운 영역으로 데려갈 수 있음을 알았고, 그래서 나중에 설명했듯이 모든 문장을 철저히 연구하여 준비했다. "비판적 인

---

*   '진실의 영화'라는 뜻으로 사건 혹은 현장을 카메라에 가감 없이 담아 기록하는 것이 특징

크리스토퍼 루포 우파의 취소 문화

종 이론은 모든 연방 관료들의 표준 이념의 핵심이 되었습니다. 이제 비판적 인종 이론은 국민을 겨눌 무기로 벼려졌습니다." 루포는 방송에서 이렇게 말했고 다음 날 루포의 전화기가 울렸다. 대통령 비서실장 마크 메도스가 트럼프를 대신하여 전화한 것이었다. 그는 백악관이 비판적 인종 이론에 맞서 싸울 수 있게 도와달라고 루포에게 청했다. 루포는 기꺼이 받아들였다.[1]

비판적 인종 이론은 미국 서부 해안의 민주당 집권 도시들에서 점점 늘어나고 있는 노숙자를 연구하다 우연히 만난 주제였다고 루포가 올랜도에서 내게 말했다. 익명을 요구한 한 제보자가 시애틀 공무원을 위한 반인종차별주의 교육에 관한 문서를 루포에게 제공했다고 한다. 그 문서에는 백인 직원들이 직접적이고 폭력적으로 흑인, 유색인종, 원주민에게 해가 되더라도 자신의 가족이 "백인 지배 시스템에서 경제적으로 이익을 얻을 방법"을 깊이 숙고한다고 적혀 있었다.[2]

루포는 원래 비판적 인종 이론 주제를 그냥 가볍게 살펴볼 요량이었다. 그러나 자신이 발견한 금맥을 금세 알아차렸다. "비판적 인종 이론은 완벽한 악당"이었다고 루포가 말했다. 미국의 좌파는 언제나 연대라는 외투 안에 논란이 되는 프로젝트를 숨기는 데 능숙했다는 것이다. "누가 다양성에 반대하겠어요? 포용? 사회적 정의? 아주 멋지게 들리죠!"

그러나 비판적 인종 이론은 공정과 상식처럼 들리지 않고 뭔가 혁명적인 느낌이 난다. 이를테면 관계를 거꾸로 뒤집으려는 열망. 그리고 루포에게 가장 좋게도, 비판적 인종 이론은 미국 우파의 전투 용어가 아니다. 이 용어는 30년 전에 킴벌리 크렌쇼 또는 리처드 델가도 같은 진보 법학자의 펜에서 나왔다.

비판적 인종 이론 같은 용어를 토론에 끌어들인 것은 좌파의 큰 실수였다고 루포가 말했다. 상대 진영이 이 일을 모호하게 만들고 숨길 가능성이 없어졌다는 것이다. "덕분에 우리는 부드럽고 완곡한 언어와 씨름하지 않아도 되었습니다. 학부모와 학교에 '다양성과 포용성에 맞서 자신을 방어하라'고 말하기는 매우 어렵습니다. 언어만 보더라도 벌써 패배한 싸움이죠. 하지만 학교에서 가르치는 것을 비판적 인종 이론이라고 말할 수 있다면, 그 이론이 우리를 승리로 이끌 겁니다."

루포는 그사이에 비판적 인종 이론이 행정, 학교, 기업에서 어떤 꽃을 피웠는지 폭로하는 글을 십여 편이나 발행했다. 그는 미국에서 가장 부유한 동네인 캘리포니아 쿠퍼티노의 초등학교 3학년이 첫 번째 단계에서 어떻게 자신의 사회적 정체성을 규정하도록 안내받는지를 강조하는 다큐멘터리를 발표했다. 인종, 경제적 위치("상류층, 중산층, 노동자층"), 성별("남성, 여성, 논바이너리*, 시스젠더, 트랜스젠더"). 아이들은 두 번째 단계에서 자신이 '지배 문화'에 속하는지를 스스로 결정해야 한다. 교안에 따르면 지배 문화에 속하는 사람의 특성은 다음과 같다. "백인, 중산층, 시스젠더, 고학력, 비장애인, 기독교, 영어 사용자."[3]

---

*   남성과 여성의 범주로 자신을 설명하기를 거부하는 사람들을 위한 정체성

크리스토퍼 루포 우파의 취소 문화

루포를 향한 가장 빈번한 비난은 그가 학문적 개념을 정치 캠페인 주제로 사용했다는 것이다. 루포는 이런 비난을 반겼다. 이런 비난을 기꺼이 받아들였다. 2021년 3월에는 트위터에 자신이 무엇을 이루고자 하는지 썼다. "사람들이 신문에서 뭔가 미친 내용을 읽자마자 '비판적 인종 이론'을 떠올리게 하는 것이 내 목표다." 루포는 이 글을 현재까지 삭제하지 않았다.[4]

루포는 선전선동가라 불릴 만하다. 그는 과장하고 극적으로 강조하고, 그렇게 한다는 것을 감추지 않는다. 그는 자신의 말과 맞추기 위해 사실을 왜곡한다는 비난을 여러 번 받았다. 그러나 수많은 우파 활동가와 다르게 자신의 필터버블에만 봉사하지 않는다. 그는 〈뉴욕타임스〉, 〈워싱턴포스트〉,《뉴요커》와 이야기한다. 그의 표현법은 종종 과하지만 만약 그의 폭로에 사실적 근거가 전혀 없었더라면 아마 그런 영향력을 얻지는 못했을 터다. 그는 비판적 인종 이론이라는 추상적 개념과 최근 몇 년 동안 미국 학교, 관청, 기업에 스며든 반인종차별주의 사이의 관련성을 만들어내는 데 성공했다.

비판적 인종 이론 대표자들은 루포를 이 이론의 영향력을 심하게 과장하는 우파 방화범으로 묘사하려 애썼다. 앨라배마대학 법학 교수 리처드 델가도는 나의 동료 알렉산드라 툐코프와 한 인터뷰에서 다음과 같이 말했다. "기본적으로 비판적 인종 이론 지지자들은 인종 분리가 끝난 뒤에도 미국의 인종차별이 사라지지 않았다는 데만 합의할 수 있었습니다. 그게 다예요."[5] 또한 킴벌리 크렌쇼는 비판적 인종 이론을 먼지 쌓인 법학 세미나실에만 머물 개념으로 설명했다. 루포 같은 사람들이 하는 일은 '빨갱이 때려잡기red-baiting'

라고 주장했다. 그러니까 비판적 인종 이론을 공산주의 악마로 폄하하려는 시도라는 것이다.[6]

루포는 크렌쇼가 비판적 인종 이론을 마르크스주의가 주입된 '비판 이론' 전통으로 분류한 2019년 학회 영상 자료를 찾아냈다.[7] 그 후 루포는 다음과 같은 크렌쇼의 인터뷰를 퍼트렸다. "비판적 인종 이론은 이제 인종차별 반대운동과 교육을 위한 거대한 그릇입니다." 이것은 토끼와 고슴도치의 경주*를 연상시킨다. 비판적 인종 이론의 대표자들이 이 이론이 그저 학문적 사고 모델일 뿐이라고 주장할 때마다, 루포는 관청, 학교, 대학의 사고에 비판적 인종 이론이 얼마나 강하게 주입되었는지 보여주는 자료를 꺼내 든다.

루포의 캠페인은 성공했다. 반대자들은 루포의 성공을 부정하지 못할 것이다. 루포가 기반을 마련하지 않았더라면 공화당은 버지니아 주지사 선거에서 그렇게 성공적이지 못했을 터다. 미국 학계 전반을 먼저 장악한 후 점차 관청, 대기업, 지금은 공립학교까지 개선 행진을 보인 독단적 반인종차별주의에 대한 실질적 분노가 없었더라면, 루포의 주장은 인기를 끌지 못했을 터다. 모든 백인 미국인을 인종차별 시스템의 공범자로 설명하는 디앤젤로의 베스트셀러 《백인의 취약성》을 버지니아 교육청이 권장 도서 목록에 넣은 상황에서, 비판적 인종 이론이 교육까지 확장하지 않았다고 우기는

---

* 토끼와 고슴도치가 달리기 내기를 하는데 또 다른 고슴도치가 결승점 근처에 숨어 있다가 토끼가 도착하기 직전에 땅속에서 올라와 먼저 결승점을 통과하기 때문에 어떻게 해도 고슴도치가 늘 토끼를 이기는, 결과가 정해진 싸움을 비유적으로 표현한 말

것은 신뢰성이 떨어진다.

그러나 루포는 이제 비판적 인종 이론의 비판자에 그치지 않는다. 그는 공화당이 집권한 몇몇 연방주를 도와 이 이론을 학교에서 추방하는 법안을 통과시켰다. 루포는 트럼프의 가장 효과적인 선전 선동가인 터커 칼슨의 정기 게스트다. 그리고 주저 없이 공개적으로 공화당을 지지한다. 그것이 루포를 역설적 입장에 놓이게 한다. 비판적 인종 이론의 반진보적 핵심을 비판하면서, 어떻게 도난당한 대선이라는 거짓말을 퍼뜨리는 정당을 지지할 수 있단 말인가?

루포는 정치적 동맹에 관한 한 자신은 "유연하고 불가지론자"라고 말했다. 2020년 대선이 부정선거였는지 묻자, 그는 "모릅니다"라고 대답했다.

정말일까?

그런 다음 그는 대선이 부정선거라는 증거를 알지 못한다고 덧붙였다. "트럼프는 선거에서 패배했습니다." 그러나 그의 주저하는 반응에서 그가 어떤 가느다란 외줄을 타고 있는지 알아차릴 수 있다. 그의 새로운 보금자리는 공화당이다. 그곳에서는 바이든이 적법한 대통령이라고 말하면 금세 신임을 잃는다. 루포의 속마음을 제대로 읽으면 그는 트럼프가 마러라고 리조트*의 연금 수급자로 남기를 소망하는 듯 보인다. 루포가 말했다. "트럼프는 공성추였어요." 공화당의 오랜 기득권층을 무너뜨리는 역할을 맡았던 남자. 이제 공화당원들은 앞을 바라보고자 한다. 그러나 순진한 소망이다.

---

*   트럼프 소유의 회원 전용 호화 리조트

트럼프는 당을 장악했고 그가 2024년 선거에 다시 출마하는 데 동의하는 사람이 현재 아주 많다. 그리고 설령 트럼프가 포기하더라도 당은 트럼프 시대의 반민주적 바이러스에 이미 감염된 상태다. 공화당원이 선거 패배를 무조건 수용하는 상태로 돌아가는 것은 상상하기 어렵다.

루포는 미국 민주주의의 붕괴를 걱정하는 것은 과장된 생각이라고 했다. 2021년 1월 6일 트럼프 팬들이 의회를 습격했을 때도, 민주주의가 실제로 위기에 처하지는 않았다고 말했다. "그것은 재앙이었고 도덕적으로 잘못되었습니다. 그러나 '큐어넌 샤먼'*이 대통령이 되겠어요? 의회 습격은 쿠데타 흉내에 불과하고 그 배후에 진짜 정치권력은 없었습니다." 그러나 트럼프 자신이 폭도들을 응원하지 않았나? "트럼프는 독재자가 되지 않을 겁니다." 루포가 대답했다. 루포 스스로 자기 말을 믿는지는 의심스럽다.

그러나 비판적 인종 이론 반대 캠페인으로 루포가 부자가 된 것은 확실하다. 전 다큐멘터리 감독에게 이 캠페인은 삶의 토대가 되었다. 루포는 지난 2년 동안 분노 비즈니스에서 가장 성공한 기업가였다. 올랜도에서 그는 항상 조수와 동행한다. 그의 홈페이지는 팬들이 항상 최신 정보를 얻을 수 있도록 정보 패키지를 제공한다. 구독료는 규모에 따라 한 달에 5~10달러다. 그러나 통 큰 기부자들은 수표를 루포에게 직접 보낼 수 있다. "나는 자본주의자입니다. 어떤

---

* 의사당 습격 사건 때 소뿔 모자를 쓰고 시위를 주도한 제이콥 챈슬리
의 별명으로, 큐어넌은 온라인에서 활동하는 미국의 극우 음모론 집단

사람들은 좋은 일을 하고자 하고 감명받고자 하고 올바른 편에 서고자 합니다." 그의 목표는 영향력 행사다. 시청률이 잘 나오는데, 폭도 진행자 터커 칼슨의 방송에 출연한 것을 왜 사과해야 한단 말인가? 좌파를 제외한 일반 미국인은 폭스뉴스 같은 방송에 의존한다고 루포가 말했다. 그는 이제 우파 텔레비전 채널과 일종의 공생 관계에 있다.

카메라가 꺼져 있으면 루포는 차분히 말하고 수많은 흑인이 미국에 실망하는 것이 당연하다고 성찰한다. 1964년의 민권법과 린든 존슨의 정책 '위대한 사회Great Society'가 기대에 부응하는 결과를 내지 못한 것은 명백하다. 그러므로 그는 비판적 인종 이론을 탄생시킨 좌절감을 이해할 수 있다고 한다. 그러나 무대에 서서는 마치 선과 악의 마지막 전투가 벌어지듯이 말한다. 올랜도에서 열린 전국 보수 콘퍼런스 연설에서 그는 청중의 환호를 받으며 말했다. "우리가 지금 목격하고 있는 것은 미국의 이익에 더는 봉사하지 않는 미국 기관에 맞서는 대규모 반란입니다."

루포는 마니교 세계관을 이용한다. 좌파 적수가 가졌다고 본인이 비난하는 바로 그 세계관이다. 이 세계관에는 오로지 흑과 백, 선과 악만 존재한다. 정치는 전투라고 루포는 말했다. "언제나 그랬죠." 최근 몇 년 동안 정치 참호에 발을 들인 많은 사람이 그렇듯이, 루포 역시 훨씬 더 피비린내 났던 미국 역사로 자신을 정당화한다. 서로를 아주 열정적으로 미워해서 결국 결투를 벌인 알렉산더 해밀턴과 에런 버를 연상시킨다. 결투는 미국 건국의 아버지인 해밀턴이 복부에 치명상을 입고 끝났다.

이 모든 것은 어디로 이어질까?

루포는 자신이 맞서 싸우는 이념만큼이나 반진보적이지만 국가를 이용해 목적을 달성할 수 있는 운동 하나를 만들어냈다. 공화당은 좌파의 취소 문화를 크게 비판했다. 그러나 동시에 2022년 5월 〈에듀케이션 위크〉의 개요에 따르면, 17개 주정부에서 비판적 인종 이론을 더는 가르치지 못하게 하거나 인종차별을 다루지 못하게 하는 규제를 추진했다.[8] 테네시주가 2021년 봄에 그런 법을 통과시켰다. 교사는 학생들이 피부색이나 성별 때문에 죄책감, 두려움 또는 다른 형식의 '정신적 부담'을 느낄 수 있는 내용을 수업 시간에 다루면 안 된다. 그러나 어떻게 백인 학생이 죄책감을 느끼지 않게 하면서 동시에 노예제 역사를 설명할 수 있을까?[9]

공화당이 집권한 여러 연방주는 이제 학생들이 무엇을 읽어도 되는지 명확히 지정해주고자 한다. 테네시주의 맥민 카운티 학교위원회는 홀로코스트 만화 《쥐》를 음란물로 지정하여 교육과정에서 뺐다. 《쥐》는 1992년에 퓰리처상을 수상한 책이다.[10] 공화당이 다수를 차지하는 플로리다주 의회는 초등학교 3학년까지 성적 지향과 성별 정체성을 가르치지 못하도록 하는 법안을 통과시켰다.[11] 텍사스주에서는 하원의원 맷 크라우스가 주립학교 도서관에서 없애야 할 책 850권을 목록으로 작성했다. 마거릿 애트우드, 타네히시 코츠, 이브람 켄디 등의 작품들 그리고 역설적이게도 헬렌 플럭로즈와 제임스 린지가 쓴 《냉소적 이론들》도 목록에 포함되었는데, 이 책은 좌파의 정체성 정치를 신랄하게 비판한다.[12]

이 목록은 확실히 제멋대로 작성되었지만 그렇다고 위협적 힘이 없는 것은 아니다. 텍사스 주지사 그레그 애벗은 2021년 11월 초에 텍사스 학교위원회에 편지를 보내, 책 제목을 명확히 언급하지 않은 채 "포르노물과 음란한" 책들을 공립학교에서 없애라고 요구했다. 거의 동시에 텍사스주는 미국의 노예제 역사를 단지 미국 건국 원칙에서 벗어난 일탈과 사기로만 가르치라고 교사에게 지시하는 법안을 통과시켰다. 어려운 일이다. 조지 워싱턴뿐 아니라 토머스 제퍼슨도, 그러니까 미국의 초대 대통령과 세 번째 대통령도 노예를 소유했었기 때문이다.

루포는 검열법 제정에 놀라운 열의를 보이는 공화당의 도구가 되었다. 루포가 자유를 위해 싸운다면 그 자유는 공화당이 자기들 세계관을 미국에 강요하는 자유다.

정체성 정치

좌파의 제 무덤 파기

좌파의 정체성 정치를 비판하면 가장 빈번하게 듣는 반박은 이렇다. 아무에게도 피해 주는 거 없잖아! 뭐가 문제라는 거지? 성평등 용어 사용과 반인종차별주의 교육에 반대하는 캠페인으로 대중의 이목을 끄는 크리스토퍼 루포 같은 인물이 아직 독일에는 보이지 않는다. 독일을 위한 대안이 미국의 공화당만큼 강력해지려면 아직 멀었다. 그리고 《뉴욕리뷰오브북스》 같은 잡지가 편집장을 해고한들, 그것이 독일의 표현의 자유와 무슨 상관이란 말인가? 독일 언론에서 '캔슬'된 사람이 있었나?

나의 친구나 동료 가운데 이렇게 생각하는 사람이 적지 않다. 어떤 사람은 지난 몇 년 동안 널리 퍼진 언어적 예민함에 짜증을 낸다. 맞춤법 검사기가 '난민'이라는 단어를 민감한 용어라며 쓰지 않는 것이 좋겠다고 제안하면, 그들은 눈을 굴리며 욕을 뱉는다. 작가 J. K. 롤링이 "월경하는 사람"이라는 용어 대신 쓸 수 있는 '여성'이라는 더 일반적인 단어가 있다고 지적했을 때, 온갖 욕설이 쏟아지는 것을 보며 그들은 한심해한다. 그들은 레게 머리를 했다는 이유로 백인 여가수를 초대 명단에서 뺀 미래를 위한 금요일을 비웃는다.

친구들이 묻는다. 더 큰 그림에서 보면 그런 건 아주 사소한 일 아니야? 인종차별에 맞서 싸우는 것이 더 중요하지 않을까? 여성과 트랜스젠더 차별에 반대하는 것이 더 중요하지 않아? 그리고 모든 혁명은 어쩔 수 없이 불의와 과잉도 수반하니, 더 높은 대의를 위해 그 정도는 받아들여야 하는 거 아니야? 톱질하면 톱밥이 떨어질 수밖에 없잖아?

깊이 생각해봐야 할 주장이다. 2004년 말에 내가 《슈피겔》에서 일하기 시작했을 때, 베를린 지국의 편집팀 직원 21명 가운데 여성은 단 한 명이었다. 당시에 벌써 거의 60년 역사를 자랑하던 《슈피겔》은 그때까지 여성 편집장이 단 한 명도 없었고 2004년 53호의 서지 정보에는 여성 과장 한 명이 외롭게 있었다. 독일에서는 남성 총리 일곱 명이 연이어 있었고 미국에서는 남성 대통령 43명이 연이어 선출되었다. 1974년생인 내가 보고 자란 미국 영화와 드라마에는 당연히 흑인 배우가 등장하지 않았다. 〈탑건〉, 〈인디아나 존스〉, 〈귀여운 여인〉, 〈더티 댄싱〉, 〈섹스 앤 더 시티〉 등등.

평등 투쟁은 대표성 투쟁이기도 하다. 단순히 말하면 권력 공유와 자원 분배다. 이 투쟁은 합법적이고 또한 강하게 싸워야 한다. 외적 내적 압박이 없었더라면 오늘날 《슈피겔》 편집팀에 여성 간부가 20명이 넘는 상황은 오지 않았으리라. 평등 투쟁을 옹호하는 좌파 진영은 여성과 트랜스젠더, 이민자 등 오랫동안 권력의 테이블에 앉지 못한 사람들도 현재 권력을 가졌다는 이유만으로 정체성 정치가 공격받는다고 불평한다. 상대 진영은 늘 당연하게 정체성 정치를 해왔다는 것이다. 틀린 주장은 아니다.

나는 언론인으로서 거의 20년 동안 기독사회연합(기사연)*에 관해 썼다. 이 당의 성공모델은 언제나 정체성 정치에 기반을 두었다. 나는 베를린에 있는 기사연 당사에서 열리는 수많은 정기 모임에 갔다. 그곳에서는 언제나 바이에른주 대표 음식인 흰 소시지와 허니 머스터드가 제공되었으며, 기사연 당원들이(거의 항상 남자였다) 바이에른주의 관심사를 설명했다. 독일연방공화국 건국 이후 바이에른주는 줄곧 그들의 특별 이익을 주장하고 과대망상과 흥분이 혼합된 방식으로 그것을 관철시켜왔다. 2021년 12월에 신호등 연정이 만들어진 후, 바이에른주 출신 장관이 한 명도 없다는 것이 드러났을 때, 뮌헨에서 상상을 초월하는 어마어마한 분노가 들끓었다.

기사연의 사례는 정체성 정치의 성공뿐 아니라 한계도 보여준다. 기사연이 60년 넘게 주지사 자리를 차지하고 있는 바이에른주에서 볼 수 있듯이, 정체성 정치는 엄청난 동원력이 있다. 그러나 오히려 반감을 일으킬 수도 있다. 두 번의 시도에도 기사연 출신 남성이 연방 총리가 된 적이 단 한 번도 없다는 사실에서 그것을 알 수 있다. 에드문트 슈토이버뿐 아니라 프란츠 요제프 슈트라우스도 공격적으로 내보인 그들의 바이에른주 자의식 때문에 마인강 너머의

---

* 오직 바이에른주에서만 활동하는 보수정당으로 전국 정당인 기민연의 자매 정당

많은 독일인에게 의심의 눈초리를 받았다. 정치에서 정상에 오르고 자 하는 사람은 정체성 정치에서 손을 떼는 것이 더 좋을 수 있다.

앙겔라 메르켈은 긴 임기 내내 자신을 페미니스트로 내세우지 않았고, 그래서 여성운동 단체에서 많은 비판을 받았다. 메르켈은 또한 동독 출신 총리라는 사실도 강조하지도 않았는데 동독의 연 방주들은 그것을 배신으로 보았다. 그러나 메르켈은 자신을 뭔가 의 상징으로 설명하는 데 전혀 관심이 없었다. 그녀의 관심은 권력 이었고 권력과 함께 아주 당연하게 최초의 여성 및 동독 출신 총리 라는 상징성이 따라왔다. 버락 오바마는 대통령 선거운동에서 백인 미국인이 겁을 먹지 않게 하려고 심할 정도로 주의를 기울였다. 선 거운동 기간에 오바마는 미국의 흑인 커뮤니티를 비판했고 그것 때 문에 인종차별주의자에게 표를 구걸한다는 비난을 받았다. 그러나 2008년 11월 4일 오바마의 승리는 흑인 미국인의 역사적 승리였 다. 이런 역사적 승리를 이룰 수 있었던 것은 그가 중서부 주들을 자 기편으로 끌어왔기 때문이다. 그러나 이 주들은 8년 뒤에 차례로 다 시 도널드 트럼프에게 넘어갔다. 아이오와, 오하이오, 펜실베이니 아, 미시간, 위스콘신 등등.

트럼프의 대선 승리는 간단히 설명하기 어렵다. 그러나 민주당 이 1990년대 초부터 점점 더 노동자를 위한 정당의 성격을 잃었다 는 사실이 중요한 역할을 했다. 힐러리 클린턴이 트럼프 지지자들 을 성차별적이고 인종차별적인 "개탄스러운 자들Deplorables"이라 고 부른 발언은 그녀의 옛 지지자 일부를 가장 명확히 소외시켰다. 2016년 9월 뉴욕에서 열린 '힐러리를 위한 LGBT 기부 행사' 영상을 다시 보면 왜 민주당이 패배했는지 이해할 수 있다. 힐러리 클린턴의 공개적 경멸 발언 때문만이 아니다. 힐러리가 "개탄스러운 집단"에 대해 말할 때 같이 웃은 청중들도 적어도 같은 무게로 책임이 있다. 같이 웃은 사람들은 '플라이오버 스테이츠flyover states', 즉 미 중서부에 사는 우매한 사람들과 무관하기를 바란다는 뜻을 웃음으로 밝힌 셈이고, 그 후 중서부의 우매한 사람들은 도널드 트럼프를 지지할 자유를 얻었다.[1]

트럼프의 악마적 능력이 예전 민주당 지지자들에게 새로운 보금자리와 정체성을 마련해주었다. 나는 지난 몇 년 동안 십여 개가 넘는 트럼프 행사에 갔고, 매번 "개탄스러운 자들"이라는 글자를 훈장처럼 티셔츠나 야구 모자에 달고 다니는 남녀를 보았다. 그들은 모욕의 단어를 가져와 자부심의 상징으로 바꿨다. 어찌 보면 미국의 좌파와 트럼프 캠프는 서로에게 부정적 에너지를 공급하고 있다. 두 진영은 서로를 경멸하지만 상호 간에 주고받는 부정적 감정은 서로에게 대단한 활력을 불어넣는다.

미국 작가 데이비드 브룩스는 《애틀랜틱》에서 이런 역학을 2021년 여름 미시간에서 열린 트럼프 팬들의 보트 퍼레이드를 사례로 아주 자세하게 설명했다. "MAGA"*라고 적힌 야구 모자를 쓴 한 젊은 지지자가 이렇게 말했다고 한다. "우리는 항상 인종차별주의자와 편견쟁이로 불릴 겁니다. 아주 많은 미국인이 도널드 트럼

---

* '미국을 다시 위대하게'라는 뜻의 'Make America Great Again'의 약
   어로 트럼프의 선거 구호

프를 사랑합니다. 하지만 우리는 민주당의 미디어 플랫폼을 사용할 수 없고 빅테크도 사용할 수 없어요. 그래서 여기서 이렇게 할 수밖에 없습니다." 다리에서 보트 퍼레이드를 내려다보던 한 젊은 좌파 활동가가 트럼프 팬에 대해 다음과 같이 말했다. "그들은 연역적 추론보다 귀납적 추론을 이용합니다. 그들은 자신의 편견을 확인해주는 정보만 수집합니다." 브룩스는 이 칼럼에서 조롱하듯 물었다. 여기서 누가 더 엘리트에 가까운가? 낚싯배에 탄 남자인가 아니면 정교하게 단어를 선택하는 젊은 시위자인가?[2]

조 바이든이 선거 뒷면에 있는 트럼프의 정치력을 이해한 것은 인정받을 만하다. 바이든은 겸손한 자세를 취했고 월스트리트가 아니라 메인스트리트를 걱정하는 사람으로 자신을 드러냈다. 그러나 민주당원 모두가 그런 것 같지는 않다. 바이든이 카멀라 해리스를 부통령으로 정했을 때, 진보 진영의 환호가 하늘을 찔렀다. 11월 3일 선거 후 승리 축하 행사에서 해리스는 흰색 바지 정장을 입고 델라웨어의 무대에 올라, 자신이 곧 미국 최초의 흑인 여성 부통령이 될 거라고 연설했다. "오늘 저녁 이 모습을 지켜보고 있는 모든 소녀는 이 나라가 가능성의 국가라는 사실을 알게 될 것입니다." 해리스가 소녀들을 향해 말했다. "야망을 가지고 꿈을 꾸고 확신을 가지고 너희의 삶을 이끌어라. 다른 사람은 보지 못하는 진정한 너희의 모습을 보아라."

이 말은 미국의 소녀들을 격려하는 말이었지만 살면서 너무나 자주 최초였던 해리스 자신에게도 하는 말이었다. 캘리포니아 최초 여성 검찰총장, 웨스트 코스트 최초 흑인 여성 연방 상원의원, 이제

정체성 정치 좌파의 제 무덤 파기

곧 백악관 최초 여성 부통령. 약간의 행운만 따라주면 여든을 바라보는 나이로 그저 임시 대통령이 되겠다고 선거전에서 이미 암시한 바이든의 뒤를 이을 수 있을 것 같았다.

그러나 이날 저녁 연설 장면에서 이미 추락의 싹이 돋아났다. 해리스가 입은 흰색 바지 정장은 20세기 초 미국에서 여성참정권을 위해 싸운 활동가들이 입은 흰색 드레스에 경의를 표하기 위한 것이었다. 그러나 그것은 또한 고가 브랜드 캐롤라이나 헤레라의 3천 달러가 넘는 디자이너 의상이었고, 그래서 해리스는 달리 보였다. 베벌리힐스와 오하이오 영타운만큼이나 중서부의 소외된 미국인과 전혀 무관한 진보적, 고학력, 웨스트 코스트 엘리트의 대표자로 보였다.[3]

취임하자마자 해리스의 지지율은 극적으로 떨어졌고 현재 민주당에서 그녀가 바이든 뒤를 이으리라 생각하는 사람은 아무도 없다. 대다수 민주당원은 이것을 힐러리 클린턴의 패배 원인이기도 한 잠재된 여성혐오의 결과로 본다. 그러나 이런 분석은 세라 페일린과 크리스티 놈 같은 공화당 여성 정치인이 알래스카와 사우스다코타 같은 보수적인 주에서 주지사에 오르는 데 성공한 이유를 설명하지 못한다. 메르켈과 오바마가 피하려고 그토록 조심했던 정체성 정치의 함정에 빠졌다는 설명이 훨씬 더 타당해 보인다.

좌파 진영은 트럼프의 상승을 아주 단순한 분석으로 설명한다. 그들은 트럼프의 대통령 당선이 권력을 빼앗기지 않으려 필사적으로 애쓰는 백인, 기독교인, 가부장적 미국인의 최후 반란 덕분이라고 말한다. 그러나 이런 설명은 일부 조건에서만 현실과 일치한다. 퓨연구소의 상세한 선거 분석을 보면, 트럼프는 2020년 선거에서 하필이면 그가 권력에서 멀리 떨어뜨려놓고자 한 라틴계, 흑인, 여성 유권자들에게서 입지를 다졌다. 2016년에는 라틴계 미국인 28퍼센트만이 트럼프를 지지한 반면, 4년 뒤 2020년에는 그 비율이 38퍼센트에 달했다. 공화당은 흑인 유권자들 사이에서도 약간의 이득을 봤다. 바이든에게 승리를 안겨준 것은 우선 백인 남성들의 변심이었다. 백인 남성의 민주당 지지율이 8퍼센트나 증가한 반면, 백인 여성에게서는 트럼프 지지가 증가했다. 2016년에 백인 여성의 47퍼센트가 트럼프를 지지한 반면 2020년에는 53퍼센트나 지지했다.[4]

나의 핵심 주장은 다음과 같다. 좌파의 정체성 정치는 특히 중도층과 고학력 계층에게 해롭다. 정체성 정치는 스스로를 위안하고, 자기 의견을 강화하고, 더 높은 도덕성을 장착하는 특정 정치집단에게 도움을 준다. 그러나 이런 작은 버블 속의 독단과 신념은 무엇보다 성별과 피부색에 무관하게 유권자 과반에 거부감을 줄 정도로 너무 견고하다.

젠더 감수성이 높은 정치인이고자 하는 모든 민주당원은 현재 라틴계 미국인을 더는 "라티노 Latinos"라 부르지 않고 "라틴엑스 Latinx"라고 부른다.* 뉴욕 연방 하원의원 알렉산드리아 오카시오코르테즈부터 전 민주당 대선후보였던 엘리자베스 워런에 이르기까

---

* 라티노는 남성형 명사로 성평등 언어가 아니므로, '-o' 접미사를 '-x' 접미사로 대체한 성 중립적 신조어

정체성 정치 좌파의 제 무덤 파기

지. 그러나 퓨연구소의 설문조사를 보면 라틴계 미국인의 단 3퍼센트만이 이 용어를 사용한다. 민주당 애리조나 연방 하원의원 루벤 가예고는 어떻게 하면 라틴계 미국인의 지지를 다시 민주당으로 끌어올 수 있겠냐는 질문에 이렇게 답했다. "라틴엑스라는 용어를 사용하지 않는 것이 그 시작입니다."[5]

'라틴엑스', 'BIPoC'* 또는 '게플뤼흐테테Geflüchtete'*** 같은 단어와 약어가 진보적 집단의 전문용어로 남으려면 포용성이 있어야 한다. 그러나 이 용어들을 구별 짓는 특징이 있다. 트위터에서 성평등에 맞게 세심하게 여성 대명사(she/her)를 사용하는 사람이 월마트 계산대에서 일할 가능성은 낮다. 자동차 공장의 새벽 교대조에서 성문파열음***을 듣기는 어렵다. 이런 점에서 보면 이른바 포용의 언어는 저학력 폭도보다 우월해지는 수단이자 먹고살기 바빠 진보적 담론의 최신 흐름을 미처 따라잡지 못하는 사람들을 비난하는 수단이 되고 만다. 버락 오바마는 2019년에 벌써 대학생들 사이에 퍼져 있는 '깨어 있는' 오만을 지적했다. 오바마가 토론에서 좌파 활동가에게 말했다. "그냥 돌멩이만 던져서는 멀리 가지 못합니다. 그건 너무 단순하니까요."[6]

정당이 지지자를 멸시하기 시작한다면 이를 어떻게 설명해야 할까? 자신의 성공에 스스로 희생자가 되는 특수한 현상을 정치

---

*   Black, Indigenous and People of Color의 약어로 유색인종을 의미
**   난민을 뜻하는 독일어는 Flüchtlinge지만 정치적 올바름을 주장하는 사람들은 Geflüchtete를 사용
***   자음 하나로 내는 파열음으로, 라틴엑스에서 'x'의 발음을 지칭

좌파들이 보여준다. 독일 사민당은 교육을 통한 사회적 신분 상승을 약속했다. 수백만 명에게 대학의 문을 열어주는 이 프로젝트로 1970년대 사민당은 신분 상승을 돕는 학문적 정당이 되었다.

그러나 이런 변화는 독일뿐 아니라 사민당 자신도 바꿔놓았다. 전쟁 후 콘크리트 기술을 배웠고 헤센 주지사가 되어서도 여전히 전혀 학문적이지 않은 노동 현장의 거친 표현을 즐겨 썼던 홀거 뵈르너 같은 남자들이 당 지도부에서 사라졌다. 홀거 뵈르너는 프랑크푸르트 서쪽 활주로에 반대하는 시위대 앞에서 이렇게 말한 적이 있다. "나의 높은 직위 때문에 어린놈 뺨조차 때리지 못하는 것이 유감스러울 따름이다." 그러나 뵈르너는 무식한 프롤레타리아가 아니었다. 그는 녹색당과 연합한 최초의 사민당 주지사였다. 다만 그 자신의 출신이기도 한 프롤레타리아로서 사민당이 대변하는 노동자 환경에 대해 말했을 뿐이었다. 조립라인이나 대규모 구내식당에서 때때로 사용하는 거친 표현을 멸시할 생각은 꿈에도 하지 않았을 터다.

사민당이 학문적 정당이 되면서, 지도부가 기존 유권자들의 신뢰를 잃는 결과만 생긴 게 아니다. 갑자기 새로운 주제가 중요해졌다. 2021년 연방의회 선거에서 여성 래퍼 레이디 비치 레이Lady Bitch Ray가 사민당을 지지했다. 이 여성 래퍼는 〈하랄트 슈미트 쇼〉에서 코미디언 올리버 포셔에게 질분비물이 담긴 병을 건넨 일로 유명했다. 언어학 박사이기도 한 이 래퍼가 총리 후보자 올라프 숄츠와 토론할 때, 사민당 대표가 트위터에 썼다. "성별을 이분법적으로 보는 시각에서 벗어나는 것 역시 페미니즘에 속합니다."[7] 사람을 남자와 여자 둘로 나누는 것이 고루한 견해라는 주장에 아마도 대다수 사민당 지지자가 적잖이 당황했을 터다. 그러나 사민당 지도부는 15년 동안 당 부대표를 지낸 볼프강 티르제 같은 남성보다 〈독일의 자지 Deutsche Schwänze〉라는 노래를 부른 여성 래퍼 쪽에 훨씬 더 가까이 섰다. 전 연방의회 의장 티르제가 2021년 2월에 〈프랑크푸르터 알게마이네 차이퉁〉에서 좌파 정체성 정치의 위험성을 경고했을 때, 온라인뿐 아니라 사민당 당사 빌리 브란트 하우스에서도 큰 분노가 일었다. 당 최고위원 사스키아 에스켄과 당시 사민당 청년당원 대표였던 케빈 퀴네르트는 "사민당 개별 대표자들의 발언이 부끄럽다"고 썼다.

구동독 민권운동가였던 티르제를 보수로 몰아붙이기는 어렵다. 그리고 애매할 때는 티르제의 '성평등 언어' 비판을 근거로 그가 에스켄이나 퀴네르트보다는 사민당 지지자들에 더 가까이 섰다고 보는 것이 맞다. 이것은 '의견 서식지'에 은둔하는 정치가 특히 사민당에 해롭다는 티르제의 주장이 맞았다는 점을 강하게 시사한다. 그러나 〈프랑크푸르터 알게마이네 차이퉁〉에 실린 그의 글에 대한 반응은 미국의 좌파 활동가들이 민주당 여론분석가 데이비드 쇼어의 입을 막으려 한 것과 똑같았다. 에스켄과 퀴네르트는 티르제의 주장을 반박하려 애쓰지 않고 오히려 분노 용어에 몰두했다.[8]

이런 전략은 특히 좌파 정당에 치명적이다. 사민당은 여러 정치 분야에서 막대하게 복잡한 저울질을 해야만 한다. 예를 들어 부적격자의 이민을 사회복지국가의 부담으로 본다면 사민당이 어떻게 난민을 보호하는 당이 될 수 있겠나? '이분법적 성별'과 작별하는 것은 사민당이 늘 주장하던 전통적 페미니즘과 작별하는 것이기도 하지 않을까? 좌파의 정체성 정치에는 한 가지 매력이 있다. 어렵게 저울질해야 할 이슈들을 다음과 같은 도덕적 명료함을 명분으로 간단히 해결할 수 있다. 유럽에 또다시 담과 장벽을 쌓아선 안 된다! 트랜스젠더의 권리는 인권이다! 혐오는 의견이 아니다!

토크쇼에서는 더러 쓸 수 있지만 선거전에서는 안 쓰는 게 나은 구호들이다. 도덕 강의를 듣고 싶은 유권자는 없을 테니 말이다. 미국에서처럼 독일에서도 노동자들은 대개 사회 정치 이슈를 보수적으로 생각한다. 독일을 위한 대안이 하필이면 루르 지역을 그들의 서독 요새로 만들 수 있었고, 좌파당이 2021년 연방의회 선거에서 득표율 5퍼센트를 넘기지 못한 것은 우연이 아니다. 좌파당의 정책 프로그램은 "공정한 젠더에 기반한 기후 정책"과 "젠더 중립적 공중화장실과 공중샤워실"을 요구했다. 아주 확실히 에르츠산맥과 라우지츠 지역 사람들에게 그다지 급해 보이지 않는 주제였다.

정체성 정치의 논리에 굴복하는 것은 녹색당에도 위험하다. 녹색당의 유력 후보자 아날레나 베어보크가 '니그로'라는 단어를 사용하는 바람에 녹색당은 선거전 내내 헤드라인을 장식했다. 베어보크는 오늘날에도 여전히 독일 학교에 인종차별적 수업 내용이 남아 있다는 점을 지적하고자 했다. 그러나 니그로라는 단어를 입 밖에 냈다는 사실만으로 베어보크는 후보직에서 물러났고, 확실히 패닉에 빠진 당 지도부의 요구로 총 9부로 구성된 사과의 글을 트위터에 올렸다. 그리고 베어보크가 피하고자 한 부정적 헤드라인이 이 사과글과 함께 등장했다.

이 일화는 당이 반인종차별주의 도그마에 굴복하면 어떤 한심한 결과가 생길 수 있는지를 보여준다. 당연히 '니그로'라는 단어는 인종차별적 모욕이다. 그렇다고 일부 활동가들이 요구하는 것처럼 백인은 그 단어를 어떤 상황에서도 절대 입 밖에 내서는 안 되는 걸까? 그것은 결과적으로 흑인 작가 제임스 볼드윈의 원작을 영화화한 명작의 제목을 백인 관객은 절대 입에 올릴 수 없다는 뜻이다. 이 명작 영화의 제목이 〈아이 엠 낫 유어 니그로〉이기 때문이다.

아주 특정한 환경에만 맞는 규칙을 내세우는 것이 정체성 정치의 특성이다. 미국에서는 이미 오래전부터 언어 세계가 서로 완전히 분리되었다. 일부 대학에서는 이제 '니그로'뿐 아니라 이를 'N'으로 축약해서 언급하는 것조차 금기다. 반면 도널드 트럼프는 가장 노골적이고 전형적인 인종차별적 표현조차도 건강한 토론 문화로 환호받는 우주를 만들었다. 이 현상은 독일에도 진출하기 시작했다. 그저 예를 들기 위해 묻자면, 사민당 베를린 위원장 프란치스카 기파이가 국제 여성의 날에 "그들의 타고난 성별과 관계없이" 모든 여성의 평등권을 위해 노력한다고 말했을 때 과연 누가 이 말을 쉽게 이해했을까?[9]

그러나 정치인만이 이성적으로 이해하기 어려운 규칙에 굴복하는 것은 아니다. 할리우드 여배우 엘렌 페이지가 2020년 12월에 자신은 성전환을 했고 앞으로 이름이 엘리엇 페이지로 바뀐다고 알렸을 때, 독일의 여러 매체가 다음과 같이 보도했다. "엘렌 페이지가 엘리엇 페이지로 바뀌었다!" 모든 논리적 표준으로 볼 때 이것은 정확한 보도였다. 생물학적 여성으로 태어나 30년 동안 여성으로

산 사람이, 자신은 트랜스젠더이고 앞으로 남자 이름을 쓰겠다고 공개적으로 선언했다. 당연히 새로운 이름과 새로운 성별을 존중하는 것이 옳다. 그러나 "죽은 이름"을 다시 한번 공개했다는 이유로 수많은 트랜스젠더 활동가들이 분노했다. 인터넷에 수천 번씩 등장했고 〈주노〉 같은 히트작의 엔딩 크레딧에 적힌 이름을 공개했다는 이유로.

그 후 《슈피겔》을 포함한 여러 매체가 기사를 수정하고 수정 버전에 각주를 달아 해명했다. "이전 버전 기사는 트랜스젠더 정체성 주제를 다루는 데 전반적으로 적확하고 적절하지 못했습니다." "죽은 이름" 언급의 금기 뒤에는 생물학적 성별이 애초에 존재하지 않고 한 인간이 어떤 성별을 스스로 선택하느냐만 중요하다는 관념이 있다. 이런 관념에서 보면 페이지는 여성인 적이 없으므로 거부한 이름을 입 밖에 내는 일 역시 선을 넘는 것이 된다. 과격한 구성주의가 정치에 깊이 파고들었다.[10]

새로운 자기결정법을 지지하는 베를린 신호등 연정의 일부는 자신을 여성으로 정의하되 남성의 모든 외적 특징을 유지하려는 사람도 앞으로는 별다른 검사 없이 여권에 성별을 여성으로 표시할 수 있다고 본다. 그러면 트랜스 여성은 화장실, 사우나, 여성의 집 같은 모든 여성 전용 공간을 이용할 수 있을 뿐만 아니라 그녀를 남자로 표시하거나 옛날 이름으로 언급하는 모든 사람을 법적으로 처벌해달라고 요구할 수도 있다.

왜 그렇게 많은 사람이 자기 생각을 공개적으로 말할 수 없다고 느끼는지를 트랜스젠더 논쟁이 잘 설명해준다. 물론 트랜스젠더에

정체성 정치 좌파의 제 무덤 파기

관한 기존 규정을 개혁할 타당한 근거들이 있다. 기존 규정에서는 여권의 성별을 바꾸려면 까다로운 검사 과정을 거쳐야 하기 때문이다. 그리고 생물학적 이유로 남성도 여성도 아닌 간성intersex도 있다. 그러나 반대로 생물학적 성별이 둘이라는 생각이 비과학적이고 가부장적 관념이므로 국가가 그것을 버려야 할까?

자기결정권에 반대하는 모든 정당한 반박이 빈번하게 "트랜스 혐오"라는 주장으로 싸잡아서 공격받는다. 〈차이트 온라인〉에 다음과 같은 댓글이 달렸다. "트랜스 여성 같은 취약 계층에 맞서는 선동은 순수한 의견이 아니라 생명을 위협하는 행위다. 성별을 육체와 관련짓는 것은 초등학교 6학년 수준의 사고다."[11] 페미니즘 잡지 《엠마》는 녹색당 의원 테사 간제러가 과연 여성인지 의문을 제기했다. 간제러는 여전히 남성의 몸으로 살고 여권에도 남성으로 적혔기 때문이다. 〈타츠〉는 이것을 여성운동 이름으로 저지르는 "폭력이자 차별"이라고 썼다. 여러 녹색당원도 이와 같은 목소리를 냈다. "한 사람의 육체적 특성을 추측하고 비난하는 것은 매우 무례한 일이다. 그것은 자기결정권과 육체적 통합이라는 여성운동의 기본 가치를 배반하는 것"이라고 녹색당 대표 브리타 하셀만이 선언했다.[12]

다만 이 현상이 어디로 이어질 것이냐가 문제다. 독일 정당들이 정치적 논쟁을 도덕적 분노로 막는 데 익숙해지면, 결국 독일도 미국이 이미 저 멀리 앞서 있는 정치적 양극화의 길을 걸을 것이다. 확고한 평등 의지가 필요하다는 것은 의심의 여지가 없다. 그러나 정치가 트랜스젠더 운동의 도그마나 반인종차별주의 운동의 교리에 성찰 없이 굴복한다면 수많은 사람이 무시당한 기분을 가질 것이고 파렴치함을 비즈니스모델로 삼는 정당을 지지할 것이다. 그 결과는 열린 논쟁이 아니라 서로 소통하지 않는 정치적 평행선이다.

민주주의를 위한 노력

생산적 싸움이 필요한 이유

어째서 21세기에 민주주의와 열린 논쟁이 심한 압박을 받는지 언뜻 이해가 안 된다. (서)유럽과 미국이 그동안 누릴 수 있었던 부와 자유는 정치 분쟁을 중재하고 민간 채널로 전환하는 특별한 방법, 즉 정치적 자유주의 덕분이다. 이쯤에서 우리를 공존할 수 있게 해준 오랜 기반인 자유주의 철학을 잠시 살필 필요가 있겠다.

자유주의는 16, 17세기에 종교전쟁에 대한 반응으로 생겨났다. 개인의 특정 권리를 인정하는 것이 이 철학의 핵심이다. 자유주의는 가장 먼저 자기결정권과 신체적 온전성 그리고 종교와 정치 신념을 선택하고 재산을 창출할 권리를 인정한다.[1]

이런 권리를 보호하는 기관은 국가다. 모든 자유주의 이론가가 민주주의자는 아니고 모든 자유국가가 민주국가는 아니다. 그러나 개인과 개인의 권리 보호라는 자유주의의 핵심 개념은 자유주의와 민주주의를 거의 뗄 수 없는 하나로 합쳤을 뿐 아니라 자유권을 누리는 사람들의 범위를 점차 넓혔다.

1776년 7월 4일의 미국독립선언문이 자유주의 사상을 가장 간결하게 잘 표현한 것 같다.

"우리는 모든 사람이 평등하게 태어났고 양도할 수 없는 특정 권리를 창조주에게 부여받았으며, 생명권, 자유권, 행복추구권이 그런 권리에 속한다는 사실을 자명한 진리로 받아들인다." 미국을 건국한 사람들이 말한 "양도할 수 없는 특정 권리"는 처음에 백인 남성에게만 허락되었다. 선언문의 큰 모순이다. 그러나 이것은 그저 보편적 서술이었으므로 이제는 미국 건국 당시 제외되었던 모든 사람, 즉 여성, 흑인, 원주민에게도 적용할 수 있으리라. 자유주의가 경쟁 이념들에 비해 적어도 이론적으로 다른 점은 개인의 권리를 성별과 신념, 인종, 출생지와 연결하지 않는다는 것이다. 그래서 자유주의는 항상 자기 정당화 압박을 받는다. "이론과 실천 사이의 갈등 때문에 (…) 자유주의 정부는 더 광범위하고 포괄적인 평등 이해를 발전시키게 되었다"라고 프랜시스 후쿠야마가 썼다.[2]

그러나 자유주의는 개인의 보호만을 위한 철학이 아니다. 사회에서 상충되는 이해관계를 중재하는 방법이기도 하다. 자유주의는 진리의 독점권을 한 인종, 한 종교, 한 계층에 주지 않고 토론과 더 나은 주장의 힘을 믿는다. 예를 들어 마르크스주의와 달리 자유주의는 확정적 통찰의 선포가 아니라 진리에 접근하는 방법이다. 자유주의는 계몽주의의 후손으로서 모든 사람이 이해할 수 있어야 하는 경험적 분석과 밀접하게 연결되었다. "만약 내가 신의 계시를 받았다거나 믿는 사람만이 간증할 수 있는 기적을 보았다고 주장한다면, 내가 어떤 계층이나 인종에 속한다고 주장한다면, (…) 그리고 그렇기 때문에 아무도 접근할 수 없는 것을 말하거나 알 수 있다고 주장한다면, 경험적 규칙을 어기는 것이다. 사물에 대한 나의 견해를 다른 사람이 검증하지 못하게 막기 때문이다." 조너선 라우시가 자신의 책《지식의 헌법》에 썼다.[3]

자유주의는 2차 세계대전 이후 대단한 성공을 거뒀다. 1945년 이후 무엇보다 미국이 UN과 NATO 그리고 관세 및 무역에 관한 일반 협정으로 서방세계의 안보와 안정을 보장하고, 맹렬한 경제성장의 토대가 된 제도와 메커니즘을 시행했다. 소수 엘리트만이 이 붐의 혜택을 받은 게 아니다. 미국과 서유럽의 광범위한 사회가 이 혜택을 누렸다. 수위가 높아지자 모든 보트도 같이 위로 올라갔다. 1948년과 1980년 사이에 미국 노동자의 평균 소득이 90퍼센트 증가했다. 린든 존슨 대통령은 흑인 미국인이 적어도 서류상으로는 백인 미국인과 동일한 권리를 갖도록 보장했다. 워터게이트 사건 보도는 아마도 미국에서 언론 자유의 가장 큰 성공이었을 것이다.[4]

독일에서는 1962년《슈피겔》사건*과 연방 국방장관 프란츠 요제프 슈트라우스의 사임이 언론 자유의 큰 돌파구를 마련했다. 빌리 브란트가 총리직에 오르면서 독일 사회의 현대화가 시작되었다. 사민당과 브란트의 후계자 헬무트 슈미트는 아데나워 시대의 퀘퀘함을 몰아냈다. 성범죄 관련 법률이 자유화되고, 주부혼**이 폐지되

---

* 　1962년 10월 8일 자《슈피겔》에 서독 군의 방어 태세 문제점을 지적한 22쪽 분량의 기사가 실렸다. '워터게이트 사건'과 함께 언론이 국가권력에 맞선 20세기 양대 사건으로 꼽힌다.
** 　남편이 가족을 부양하고 아내는 가사와 양육을 전담하는 전통적 성분업 모델의 가족정책

었으며, 낙태가 쉬워졌다. 보수당의 헬무트 콜 총리도 이런 혁신을 되돌리지 않았다. 앙겔라 메르켈 시대에는 동성혼이 법으로 보장되었다. 메르켈의 16년 재임 기간 중 독일의 경제가 실제로 20퍼센트 이상 성장했다. 그렇다면 이런 성공을 거둔 자유민주주의에 대한 의구심은 어디에서 온 걸까?

느리고 점진적인 개혁은 자유민주주의의 본질이다. 이해관계의 균형을 맞추는 것은 힘든 과정이고 다수결 원칙은 드물지 않게 소수 차별을 공식적으로 허용한다. 미국은 독립선언부터 노예제 폐지까지 거의 100년이 걸렸다. 아메리카 원주민은 미국 헌법 제정 후 136년이 지난 1924년에야 비로소 완전한 시민권을 인정받았다. 1967년에야 비로소 대법원이 일부 연방주에 여전히 존재하던 흑인과 백인 간의 결혼 금지령을 없앴다. 그리고 계속해서 반격이 있다. 예를 들어 2022년 6월 미국 대법원은 낙태권을 폐지했다.

그러므로 자유민주주의에 대한 의구심에는 정당한 핵심이 있다. 그 핵심의 뿌리는 정치체제의 관성에 대한 좌절이다.

내가 이 책에서 설명한 이론과 이념들은 그러므로 다음과 같은 성급함의 산물이기도 하다. 흑인 미국인이 그렇게 오랫동안 목소리를 내지 못했다면, 특권을 누린 백인은 적어도 얼마 동안 입을 다물고 있는 게 정당하지 않을까? 무죄 추정의 원칙이 많은 남성을 학대 행위 처벌에서 보호했다면 정의 구현을 위해 "여성의 주장을 믿는" 원칙이 필요하지 않을까? 트랜스젠더가 수십 년 넘게 국가적 차별을 받았다면 혁신 반대를 "혐오 발언"으로 낙인찍는 것이 정당하지 않을까?

　민주주의를 위한 노력　생산적 싸움이 필요한 이유다만 문제는 그런 접근방식이 새로운 좌절을 만들고 정치로부터 무시당했다고 느끼는 새로운 패배자를 탄생시킨다는 점이다. 옛 차별에 똑같이 응수하는 것은 새로울 수 없고, 법치국가는 법을 훼손해서는 개선되지 않으며, 논쟁은 가지치기로 더 공정해지지 않는다. 협박으로 강제된 개혁은 절대 오래 지속되지 못한다.

독일 기본법 5조, 미국 수정헌법 제1조가 표현의 자유를 보장한다. 그런데 왜 표현의 자유를 걱정해야 할까? 표현의 자유는 법에 명시된 권리 그 이상이다. 표현의 자유를 보장하기 위해서는 대학, 미디어, 인터넷 등 모든 곳에서 열린 논쟁을 지원하고 높이 평가하는 문화도 필요하다. 페이스북과 트위터의 설립 취지가 표현의 자유를 새로운 차원으로 올리기 위해서라는 것은 큰 역설이다. 페이스북과 트위터는 모든 사람이 기존 대형 언론이라는 필터 없이 평등하게 서로 대화를 나누는 꿈을 꾸었다. 그러나 결과적으로 트럼프 같은 포퓰리스트가 이들을 통해 마음껏 거짓말을 퍼뜨릴 수 있었고, 동시에 특히 트위터에서 집단 린치 사고방식에 순응해야 한다는 엄청난 압력이 만들어졌다.

《엠마》편집자 알리체 슈바르처가 《차이트》에 기고한 글에서 녹색당의 트랜스젠더를 위한 자기결정법 제정 계획에 반대한 후, 코미디언 얀 뵈머만이 "알리체 슈바르처에게 아직 가망이 있는가?"라고 트위터에 올렸다. 뵈머만의 팔로워 수는 260만이다. 슈바르처의 주장을 언급조차 하지 않은 그의 트윗은 4천 개가 넘는 '좋아요'를 받았다. 이와 유사한 내용을 거의 매일 반복하는 것이 소셜미디어의 패턴이다. 생각이 아니라 '좋아요' 수가 중요하다.[5]

뭐, 그냥 트위터잖아. 생각이 똑바로 박힌 사람이라면 그쪽 논쟁이 현실과 전혀 무관하다는 걸 누구나 알아! 물론 이렇게 말할 수도 있다. 그러나 미디어의 효과를 과소평가하는 말이다. 트럼프의 성공 역시 트위터에 장기간 불을 질러 지지자와 언론이 대화보다는 주로 분노를 나누게 한 데서 비롯되었다. 그런 식으로 트럼프는 늘 관심의 중심에 머물 수 있었다. 이 상황을 은유하는 멋진 영어 표현이 있다. "Sucking the oxygen out of the room방에서 산소를 빨아들인다."

다른 한편 기성 미디어는 욕 폭풍을 두려워한다. 자신의 이미지를 환경 전문가로 쌓아온 젊은 편집자라면, 기후변화를 막을 방법은 원자력뿐이라는 주장으로 자신의 팔로워를 혼란스럽게 할 수는 없지 않겠나? 독일 형법 281조(낙태법)가 어둡고 여성혐오적인 시대의 유물이라는 것이 계몽된 사회에서 반박할 수 없는 확신으로 통한다면, 어떤 젊은 편집자가 이 법이 여성의 권리와 태어나지 않은 생명의 보호 사이의 합리적 타협이라 주장하여 불쾌감을 유발하겠는가? 내가 아는 대다수 언론인은 트위터를 이용하고 모든 젊은 동료들은 미디어와 미디어의 특별한 보상 체계 안에서 성장했다. 이 상황이 다시 재앙적 영향을 미친다. 인터넷의 필터버블 논리가 저널리즘으로 옮겨가고 독자와 시청자는 보도와 논평이 이상하리만큼 자기 의견과 일치한다고 느낀다. 〈뉴욕타임스〉 신임 편집장 조셉 칸은 첫 인터뷰에서 동료들이 인터넷의 분노가 두려워 까다로운 주제를 다루지 않을 때가 많다고 불평했다.[6]

누구의 주장이 가장 강력한지 겨루고 다투고 타협하는 능력이

민주주의를 위한 노력 생산적 싸움이 필요한 이유

민주주의의 핵심이다. 그런데 정체성 정치는 자신의 견해를 절대화한다. 그런 식으로 진보적 관심사를 관료화하여 민주적 토론을 거치지 않는다면 그 결과는 정치발전이 아니라 사회분열이다. 사회는 도덕적으로 옳다고 느끼는 사람들 그리고 멸시받고 밀려났다고 느끼며 트럼프나 비요른 회케* 같은 포퓰리스트를 지지하는 그 외 사람들로 분열된다. 서로 대화하지 않고 서로를 경멸하는 사회가 등장한다.

아직 독일은 미국만큼 양극화되지 않았다. 그러나 경고신호를 간과하는 것은 태만이다. 일부 연방주에서 독일을 위한 대안이 새로운 국민정당으로 올라섰다. 여론조사가 보여주듯이 시민들은 말할 수 있는 범위가 점점 좁아지는 듯한 불안감을 느낀다. 독일을 위한 대안 지지자 모두를 민주주의 편으로 되돌려놓는 것은 불가능하다. 그리고 혐오 단어를 비롯한 몇몇 금기는 타당하다. 그러나 민주주의는 열린 논쟁 축소로 보호할 수 없다.

혐오와 독단은 자유로운 토론의 적이다. 또한 선의의 발언에 예민하게 반응하면 자유로운 토론이 죽을 수 있다. 내가 이 책을 쓴 이유는 내가 살고 있는 이 나라에서 뭔가가 사라지고 있기 때문이다. 다른 의견을 존중하고 그것을 분노의 연료로 사용하지 않는 쿨하고 여유로운 자유 개념이 사라지고 있다. 트럼프나 회케 같은 인물은 우리 사회에 불운이다. 그러나 그들에게 권력을 쥐여주고 싶지 않다면 그들의 지지자를 멸시하며 콧방귀를 뀌고 "개탄스러운 자들"

---

*   독일을 위한 대안 소속 튀링겐 주의회 의원

이라고 욕해서는 안 된다. 더 적극적으로 그들과 대화해야 한다. 오직 자신의 정치적 시야만 존중하는 관용은 쓸모없고 황량하다.

감사의 말

율리아 랑에 박사의 도움이 없었더라면 이 책은 나올 수 없었다. 박사는 작가로서 내가 얻은 최고의 동행자였다. 랑에 박사는 내게 최근 1년 반 동안 헤아릴 수 없이 많은 소중한 정보를 주었고 많은 실수를 바로잡아주었다. 혹시라도 오류가 남아 있다면 그것은 오로지 내 탓이다. 벌써 거의 20년째 일하고 있는 《슈피겔》 덕분에 이 책을 워싱턴 특파원으로 일하면서 짬짬이 집필할 수 있었다. 저널리즘과 토론에 관심이 있는 사람이라면 이보다 더 나은 편집팀은 상상할 수 없을 것이다. 원고를 읽어주고 격려해준 옌스 데닝, 베르트람 피스터, 디르크 쿠르뷰바이트, 알렉산더 노이바허, 우정을 보여준 얀 플라이슈하우어 그리고 부당한 비판에 맞서 미셸 푸코를 변호한 안드레아스 베르나르트에게 감사하다. 이 책에서 다룬 주제들에 대해 열띤 토론을 해준 아내 케르스틴에게도 고맙다. 남부 바덴의 자유주의자로 항상 내 롤 모델이었던 나의 부모님, 로자 마리아 피스터와 롤프 피스터에게 이 책을 바친다.

참고 자료

세 번째, 여섯 번째, 여덟 번째 장은《슈피겔》에 이미 보도된 내용 일부를 가져왔다.

왜 좌파마저 민주주의를 위협할까

1   https://twitter.com/abigailcoughler/status/1359533682843934723

2   https://theweek.com/politics/1001910/democrats-are-anti-anti-critical-race-theory

3   https://www.spiegel.de/spiegel/print/index-2020-35.html

4   Robin DiAngelo: *White Fragility. Why It's So Hard for White People to Talk About Racism.* Boston 2018, S. 149(《백인의 취약성: 왜 백인은 인종주의에 대해 이야기하기를 그토록 어려워하는가》, 이재만 옮김, 책과함께, 2020)

5   https://www.faz.net/aktuell/politik/inland/allensbach-umfrage-viele-zweifeln-an-meinungsfreiheit-in-deutschland-17390954.html?premium

6   https://www.zeit.de/kultur/2021-06/meinungsfreiheit-deutschland-allensbach-umfrage-gefuehle

7   https://yougov.co.uk/topics/politics/articles-reports/2021/12/22/cancel-culture-what-views-are-britons-afraid-expre

8   https://www.nytimes.com/2022/03/18/opinion/cancel-culture-free-speech-poll.html

이안 부루마 사건: 누구에게나 일어날 수 있다

1   https://www.cbc.ca/news/canada/toronto/jian-ghomeshi-sexual-assault-trial-ruling-1.3505446

2   https://www.nybooks.com/articles/2018/10/11/reflections-hashtag/

3   https://twitter.com/monaeltahawy/status/1040762387366916097

4   https://slate.com/news-and-politics/2018/09/jian-ghomeshi-new-york-review-of-books-essay.html

5   https://www.nybooks.com/articles/2018/10/25/letter-from-contributors/

6   https://www.theguardian.com/commentisfree/2018/sep/24/male-cultural-elite-blind-me-too-nyrb-ian-buruma

7   https://www.vox.com/culture/2018/9/19/17861738/ian-buruma-jian-ghomeshi-new-york-review-books-john-hockenberry-harpers-me-too

8   https://www.newyorker.com/culture/cultural-comment/jian-ghomeshi-john-hockenberry-and-the-laws-of-patriarchal-physics

모든 것이 담론이다: 권력의 새로운 언어

1   Herbert Marcuse: "Repressive Toleranz", in: Robert Wolff, Barrington Moore, Herbert Marcuse: *Kritik der reinen Vernunft*. Frankfurt 1970, S. 93–128

2   Ebd., S. 94–95

3   Ebd., S. 111–112

4   Stephen Brookfield: On Malefic Generosity, Repressive Tolerance and Post-Colonial Condescension. Conside\-rations on White Adult Educators Racializing Adult Education

Discourse. Dezember 2015, in: New Prairie Press. URL: https://
static1.squarespace.com/static/5738a0ccd51cd47f81977fe8/
t/5750eda922482e8f99186775/1464921517600/AERC_
Paper_2005.pdf

5   Michel Foucault: *Überwachen und Strafen. Die Geburt des Gefängnisses.*
     Frankfurt 2020, S. 9–25(《감시와 처벌: 감옥의 탄생》, 오생근 옮김,
     나남출판, 2020)

6   Ebd., S. 291

7   Ebd., S. 256 ff.

8   Ebd., S. 285

9   Jürgen Habermas: *Der politische Diskurs der Moderne. Zwölf Vorlesungen.*
     Frankfurt 1986, S. 332–333

10 Derrick A. Bell: Brown v. Board of Education and the Interest-
     Convergence Dilemma; in: Harvard Law Review, Vol. 93, No. 3,
     S. 518–533

11 https://www.washingtonpost.com/politics/gaza-violence-
     blm-democrats/2021/05/22/38a6186e-b980-11eb-a6b1-
     81296da0339b_story.html

12 Richard Delgado, Jean Stefancic: *Critical Race Theory. An Introduction.*
     New York 2017, S. 3

13 Mari J. Matsuda, Charles R. Lawrence III, Richard Delgado,
     Kimberlé Crenshaw: *Words That Wound. Critical Race Theory, Assaultive
     Speech and the First Amendment.* Boulder 1993, S. 6

14 Ebd., S. 17 ff.

15 Louis Michael Seidman: Can Free Speech Be Progres\-sive? In:
     Columbia Law Review, Vol. 118, No. 7, S. 2219–2250

16 https://www.theatlantic.com/ideas/archive/2022/02/logical-
     end-language-policing/621500/

17 Richard Delgado, Jean Stefancic: *Critical Race Theory. An Introduction.*
     New York 2017, S. 8

18 Peggy McIntosh: White Privilege and Male Privilege. A Personal
     Account of Coming to See Correspondences Through Work in
     Women's Studies, in: Richard Delgado, Jean Stefancic (Hrsg.):

Critical White Studies. Looking Behind the Mirror. Philadelphia 1997, S. 291–299

19   Donald Moss: On Having Whiteness, in: Journal of the American Psychoanalytic Association. Vol. 69, Issue 2, Seite 355–371

20   Robin DiAngelo: *Nice Racism. How Progressive White People Perpetuate Racial Harm.* Boston 2021, S. 19 ff.

21   Jürgen Habermas: *Der politische Diskurs der Moderne. Zwölf Vorlesungen.* Frankfurt 1986, S. 343

22   https://www.nytimes.com/interactive/2019/08/14/magazine/1619-america-slavery.html

23   https://www.theatlantic.com/ideas/archive/2020/01/1619-project-new-york-times-wilentz/605152/

24   Kimberlé Crenshaw: "Mapping the Margins: Inter-sectionality, Identity Politics, and Violence Against Women of Color", in: KimberléCrenshaw, Neil Gotanda, Gary Peller, Kendall Thomas: *Critical Race Theory: The Key Writings that Formed the Movement.* New York 1995, S. 357–383

25   https://twitter.com/spdde/status/1368149358378508290?lang=de

26   https://www.insidehighered.com/quicktakes/2017/10/05/aclu-speaker-shouted-down-william-mary

27   https://taz.de/Abschaffung-der-Polizei/!5689584/

28   https://twitter.com/alinista/status/1274351261962338304

29   Kyla Schuller: *The Trouble with White Women. A Counterhistory of Feminism.* New York 2021, S. 9

도리언 애벗: 소수자의 테러

1   https://www.nytimes.com/2021/10/20/us/dorian-abbot-mit.html

2   https://thechicagothinker.com/conservation-is-conservative/

3   https://president.uchicago.edu/from-the-president/announcements/112920-free-expression

4   https://www.newsweek.com/diversity-problem-campus-opinion-1618419

5   https://www.pewresearch.org/fact-tank/2019/02/25/most-americans-say-colleges-should-not-consider-race-or-ethnicity-in-admissions/

6   https://bariweiss.substack.com/p/mit-abandons-its-mission-and-me

대학 문화: 침묵 수도원이 된 대학

1   https://www.ipetitions.com/petition/reconsider-the-smith-college-2014-commencement

2   https://www.nytimes.com/2014/05/13/us/after-protests-imf-chief-withdraws-as-smith-colleges-commencement-speaker.html

3   https://www.nytimes.com/2012/01/31/opinion/brooks-the-great-divorce.html

4   https://www.youtube.com/watch?v=rVDeBL6FuP0

5   https://www.nytimes.com/2017/03/13/opinion/understanding-the-angry-mob-that-gave-me-a-concussion.html

6   https://brokeninquiryblog.wordpress.com/

7   https://www.spiegel.de/kultur/das-pc-monster-a-401e17b4-0002-0001-0000-000148300432

8   Greg Lukianoff, Jonathan Haidt: *The Coddling of the American Mind. How Good Intentions and Bad Ideas Are Setting up a Generation for Failure.* New York 2018, S. 163 ff.(《나쁜 교육: 덜 너그러운 세대와 편협한 사회는 어떻게 만들어지는가》, 왕수민 옮김, 프시케의숲, 2019)

9   Derald Wing Sue et al: Racial Microaggressions in Every Day Life. Implications for Clinical Practice, in: American Psychologist, Vol. 64, No. 4, S. 271–286

10 https://www.spiegel.de/kultur/ideologien-sind-fuer-intelligente-menschen-wie-drogen-a-4cd0f6aa-0002-0001-0000-000176230952

11 https://www.nytimes.com/2021/10/15/arts/music/othello-

blackface-bright-sheng.html

12 https://www.nytimes.com/1966/02/02/archives/the-screen-minstrel-show-othelloradical-makeup-marks-oliviers.html

13 https://www.michigandaily.com/news/academics/following-blackface-incident-professor-bright-sheng-takes-step-back-from-teaching-smtd-composition-course/

14 https://www.thefire.org/university-of-michigan-professor-no-longer-teaching-composition-seminar-after-students-complain-about-blackface-in-1965-othello-film/

15 https://sammybsussman.medium.com/playing-a-blackface-video-isnt-fireable-it-shouldn-t-be-okay-61083d6f74b9

16 https://www.nytimes.com/2018/06/15/us/harvard-asian-enrollment-applicants.html

17 https://www.nytimes.com/2022/01/28/opinion/affirmative-action.html

18 https://www.spiegel.de/ausland/francis-fukuyama-ueber-donald-trump-und-die-krise-der-amerikanischen-demokratie-a-fd4a8cf7-ac24-4c98-8770-e9d80c397592

19 https://knightfoundation.org/reports/college-student-views-on-free-expression-and-campus-speech-2022/

20 Erwin Chemerinsky, Howard Gillman: *Free Speech on Campus*. New Haven, London 2017, S. 53-54

21 Ebd., S. 56–57

22 Ebd., S. 59–62

23 https://provost.uchicago.edu/sites/default/files/documents/reports/FOECommitteeReport.pdf

24 https://ofew.berkeley.edu/sites/default/files/life_sciences_inititatve.year_end_report_summary.pdf

25 https://www.wsj.com/articles/the-universitys-new-loyalty-oath-11576799749

26 Neil Gross, Solon Simmons: The Social and Political Views of American College and University Professors, in: Neil Gross, Solon Simmons (Hrsg.): *Professors and their Politics*. Baltimore 2014, S.

25

27 Samuel J. Abrams: The Contented Professors. How Conservative Faculty See Themselves within the Aca\-demy. Dezember 2016. URL: https://www.researchgate.net/publication/312229229_ The_Contented_Professors_How_Conservative_Faculty_See_ Themselves_within_the_Academy

28 https://www.thecrimson.com/article/2021/4/9/disappearance-conservative-faculty/

29 https://www.nytimes.com/2016/05/08/opinion/sunday/a-confession-of-liberal-intolerance.html

30 https://www.gwi-boell.de/de/2021/04/19/pluralitaet-verteidigen

31 https://www.spiegel.de/spiegel/berlin-bizarrer-streit-um-ein-angeblich-sexistisches-gedicht-a-1190010.html

32 https://akademie-soziologie.de/wp-content/uploads/ 2019/12/Ziele-und-Aufgaben-Akademie-Soziologie-Gruendungsaufruf-04-2017.pdf

33 https://www.zeit.de/2022/14/geschlechterforschung-frau-mann-biologie-gender/komplettansicht

34 Judith Butler: *Das Unbehagen der Geschlechter*. Frankfurt 2021, S. 26 (《젠더 트러블: 페미니즘과 정체성의 전복》, 조현준 옮김, 문학동네, 2008)

35 https://taz.de/taz-Kolumne-ueber-Polizei/!5691333/

언론: 미덕이 된 편파성

1 https://newconsumer.com/2020/05/alison-roman-interview/

2 https://www.washingtonpost.com/opinions/2020/05/13/rise-fall-alison-roman/

3 https://www.nytimes.com/2021/02/05/business/media/ donald-mcneil-andy-mills-leave-nyt.html

4 https://hiddentribes.us/media/qfpekz4g/hidden_tribes_report. pdf

5 https://www.thedailybeast.com/star-new-york-times-reporterdonald-mcneil-accused-of-using-n-word-making-other-racist-comments

6   https://www.nytimes.com/2021/02/14/business/media/new-york-times-donald-mcneil.html

7   https://www.nytimes.com/2021/07/20/opinion/eric-adams-nyc-mayor.html

8   https://www.nytimes.com/2020/06/03/opinion/tom-cotton-protests-military.html

9   https://twitter.com/jennydeluxe/status/1268324197224325121

10   https://www.nytimes.com/2020/02/20/opinion/taliban-afghanistan-war-haqqani.html

11   https://www.nytimes.com/2020/06/12/opinion/tom-cotton-op-ed.html

12   https://www.bariweiss.com/resignation-letter

13   https://www.ndr.de/fernsehen/sendungen/zapp/Gruene-Mehrheit-Die-ARD-und-ihre-Volos,nachwuchs200.html

14   Siegfried Weischenberg, Maja Malik, Armin Scholl: Journalismus in Deutschland 2005. *Media Perspektiven* 7/2006, S. 346 ff.

15   https://www.washingtonpost.com/news/the-fix/wp/2014/05/06/just-7-percent-of-journalists-are-republicans-thats-far-less-than-even-a-decade-ago/

16   https://www.nytimes.com/2020/06/23/opinion/objectivity-black-journalists-coronavirus.html

17   https://www.stern.de/panorama/von-der-stern-chefredaktion--darum-wollen-wir-ein-zeichen-setzen-9427858.html

18   https://meedia.de/2020/09/23/wieso-seid-ihr-eigentlich-gegen-das-gendern/

19   https://www.infratest-dimap.de/umfragen-analysen/bundesweit/umfragen/aktuell/weiter-vorbehalte-gegen-gendergerechte-sprache/

20   https://www.thedailybeast.com/teen-vogue-staff-rail-against-new-editor-in-chiefs-past-tweets-mocking-asians

21   https://www.washingtonpost.com/media/2022/06/14/joseph-

kahn-new-york-times-twitter-democracy/

데이비드 쇼어: 현실 감각을 잃은 좌파

1   https://twitter.com/davidshor/status/12659986258360197
    12?ref_src=twsrc
2   Omar Wasow: Agenda Seeding. How 1960s Black Protests
    Moved Elites, Public Opinion and Voting, in: American Political
    Science Review, Volume 114, Issue 3, S. 638–659
3   https://twitter.com/TheReFTW/status/1266146619805728
    768?ref_src=twsrc
4   https://www.nytimes.com/2021/05/26/opinion/democrats-
    republicans-wokeness-cancel-culture.html
5   https://blog.mozilla.org/press/2014/04/faq-on-ceo-
    resignation/

깨어 있는 자본주의: 착취하되, 정치적으로 올바르게

1   https://www.spiegel.de/wirtschaft/wie-jeff-bezos-sich-arm-
    rechnete-um-einen-kinderbonus-zu-kassieren-a-48b26a40-729f-
    4ff7-9f3b-ac34ef8b64a7
2   https://www.nytimes.com/2018/02/28/opinion/corporate-
    america-activism.html
3   https://corporate.mcdonalds.com/corpmcd/our-purpose-
    and-impact/jobs-inclusion-and-empowerment/diversity-and-
    inclusion.html
4   Anne Case, Angus Deaton: *Deaths of Despair and the Future of
    Capitalism.* Princeton 2020, S. 56 ff.《절망의 죽음과 자본주의의 미
    래》, 이진원 옮김, 한국경제신문, 2021)
5   https://www.spiegel.de/ausland/us-praesidentschaftswahl-
    2020-natuerlich-wird-donald-trump-gewinnen-a-00000000-
    0002-0001-0000-000172728845
6   George Packer: *The Last Best Hope. America in Crisis and Renewal.* New

York 2021, S. 85 ff.

7   https://www.reuters.com/article/us-china-apple-icloud-insight-idUSKCN1G8060

8   https://www.washingtonpost.com/opinions/pro-discrimination-religious-freedom-laws-are-dangerous-to-america/2015/03/29/bdb4ce9e-d66d-11e4-ba28-f2a685dc7f89_story.html

9   https://www.nytimes.com/2020/06/30/business/adidas-karen-parkin-resigns.html

10   https://www.youtube.com/watch?v=1VM2eLhvsSM

11   https://www.youtube.com/watch?v=uwvAgDCOdU4

12   https://www.washingtonpost.com/local/social-issues/blackface-incident-at-washington-post-cartoonists-2018-halloween-party-resurfaces-amid-protests/2020/06/17/66f09bde-af2e-11ea-856d-5054296735e5_story.html

13   https://nymag.com/intelligencer/2020/06/why-did-the-washington-post-get-this-woman-fired.html

14   https://boeing.mediaroom.com/news-releases-statements?item=130697

15   Ibram X. Kendi: *How to Be an Antiracist.* New York 2019, S. 163(《안티레이시즘: 우리의 관점과 세계관을 왜곡시키는 인종차별주의의 구조를 타파하기》, 이종인 옮김, 비잉, 2022)

16   https://nymag.com/news/features/46170/

17   Robin DiAngelo: *White Fragility. Why It's So Hard for White People to Talk About Racism.* Boston 2018, S. XIV

18   Ebd., S. 5

19   Iris Bohnet: *What Works. Gender Equality by Design.* Cambridge 2016, S. 51

20   Alexandra Kalev, Frank Dobbin, Erin Kelly: Best Practices or Best Guesses? Assessing the Efficacy of Corporate Affirmative Action and Diversity Policies, in: American Socogical Review, Volume 71, Issue 4, Seite 589–617

21   Iris Bohnet: *What Works. Gender Equality by Design.* Cambridge 2016,

S. 53–54

22 https://www.spiegel.de/wirtschaft/versteckte-preiserhoehung-bahlsen-schrumpft-afrika-a-fadbb808-aa1c-4ac3-9979-02a5882a8619

23 https://editionf.com/wir-machen-platz/

24 https://editionf.com/stimmt-ab-fuer-die-25-frauen-die-unsere-welt-zukunftsfaehig-machen/

25 https://www.youtube.com/watch?v=PHckeZoYx04

이브람 켄디: 관료적으로 영구화된 반인종차별주의

1 Ibram X. Kendi: *Be Anti-Racist. A Journal for Awareness, Reflection and Action.* New York 2020

2 Ibram X. Kendi: *How to Be an Antiracist.* New York 2019, S. 9

3 https://www.politico.com/story/2008/06/text-of-obamas-fatherhood-speech-011094

4 https://www.census.gov/library/stories/2021/04/number-of-children-living-only-with-their-mothers-has-doubled-in-past-50-years.html

5 https://www.youtube.com/watch?v=WHnJUiqHd_g

6 https://www.theatlantic.com/ideas/archive/2021/11/white-supremacy-mantra-anti-racism/620832/

7 https://time.com/collection/100-most-influential-people-2020/

8 https://www.nytimes.com/2021/07/03/opinion/antiracist-education-history.html

9 Ibram X. Kendi: *Die wahre Geschichte des Rassismus in Amerika.* München 2017, S. 10

10 https://www.census.gov/newsroom/press-releases/2022/educational-attainment.html

11 https://nces.ed.gov/fastfacts/display.asp?id=171

12 Ibram X. Kendi: *How to Be an Antiracist.* New York 2019, S. 101–103

13 https://data.nysed.gov/enrollment.php?instid=800000046741

14   https://www.nytimes.com/2019/03/18/nyregion/black-students-nyc-high-schools.html

15   Shelby Steele: *The Content of Our Character. A New Vision of Race in America.* New York 1990, S. 15

16   Ibram X. Kendi: *How to Be an Antiracist.* New York 2019, S. 19

17   https://www.politico.com/interactives/2019/how-to-fix-politics-in-america/inequality/pass-an-anti-racist-constitutional-amendment/

18   https://www.rassismusmonitor.de/fileadmin/user_upload/NaDiRa/CATI_Studie_Rassistische_Realit%C3%A4ten/DeZIM-Rassismusmonitor-Studie_Rassistische-Realit%C3%A4ten_Wie-setzt-sich-Deutschland-mit-Rassismus-auseinander.pdf

19   https://afrozensus.de/reports/2020/#main

20   https://www.schleswig-holstein.de/DE/landesregierung/ministerien-behoerden/IV/Service/Broschueren/Broschueren_IV/Kriminalpraevention/landesaktionsplan_rassismus.pdf?__blob=publicationFile&v=1

새로운 종교: 내 탓이오, 내 탓이오, 내 큰 탓이로소이다

1   https://www.dropbox.com/s/hxqvme0k6328176/Yes%2C%20he%20is%20black.%20It%C2%B4s%20better%21.pdf?dl=0

2   https://www.theaterbremen.de/de_DE/das-april-editorial-2021

3   https://www.tagesspiegel.de/kultur/vom-klassenfeind-zur-cancel-culture-wokeness-gab-es-auch-in-der-ddr-sie-hiess-nur-anders/27198500.html

4   Klaus-Georg Riegel: "Der Marxismus-Leninismus als 'politische Religion'", in: Gerhard Besier, Hermann Lübbe (Hrsg.): *Politische Religion und Religionspolitik. Zwischen Totalitarismus und Bürgerfreiheit.* Göttingen 2005, S. 15–48

5   https://www.theatlantic.com/magazine/archive/2021/10/new-puritans-mob-justice-canceled/619818/

6   https://www.economist.com/united-states/2022/01/22/is-america-exceptionally-good-or-exceptionally-bad

7   Fatma Aydemir, Hengameh Yaghoobifarah (Hrsg.): *Eure Heimat ist unser Albtraum.* Berlin 2020, S. 9

8   https://www.washingtonpost.com/video/politics/spanberger-criticizes-democrats-strategy-in-caucus-call/2020/11/05/6ec2b368-258a-4061-9738-d83ee8971c3c_video.html

9   https://www.pewresearch.org/fact-tank/2021/10/26/growing-share-of-americans-say-they-want-more-spending-on-police-in-their-area/

10 https://news.gallup.com/poll/341963/church-membership-falls-below-majority-first-time.aspx

11 https://www.washingtonian.com/2021/01/27/the-true-story-of-jessica-krug-the-white-professor-who-posed-as-black-for-years-until-it-all-blew-up-last-fall/

12 https://www.intelligent.com/34-of-white-college-students-lied-about-their-race-to-improve-chances-of-admission-financial-aid-benefits/?adfa

13 Natasha A. Kelly: *Rassismus. Strukturelle Probleme brauchen strukturelle Lösungen!* Zürich 2021, S. 10

14 Screenshot des Autors vom 15. Januar 2022

15 https://www.sueddeutsche.de/leben/rassismus-deutschland-privilegien-1.4985973?reduced=true

16 https://www.zeit.de/campus/2018-05/dating-rassismus-hautfarbe-liebe-diversitaet/komplettansicht

크리스토퍼 루포: 우파의 취소 문화

1   https://www.youtube.com/watch?v=rBXRdWflV7M

2   https://christopherrufo.com/separate-but-equal/

3   https://christopherrufo.com/woke-elementary/

4   https://twitter.com/realchrisrufo/status/1371541044592996352?s=20

5   https://www.spiegel.de/ausland/christopher-rufo-und-die-critical-race-theory-wer-hat-angst-vor-antirassismus-a-63c42553-e51e-4f86-827b-317fa02192dd

6   https://www.newyorker.com/news/annals-of-inquiry/how-a-conservative-activist-invented-the-conflict-over-critical-race-theory

7   https://www.youtube.com/watch?v=elaIUgX-zZE

8   https://www.edweek.org/policy-politics/map-where-critical-race-theory-is-under-attack/2021/06

9   https://s3.documentcloud.org/documents/20697058/tn-hb0580-amendment.pdf

10   https://www.spiegel.de/kultur/art-spiegelman-und-maus-die-wuenschten-sich-einen-netteren-flauschigeren-holocaust-a-d3eace31-e4cf-4365-86f5-c2925aeb8705

11   https://www.npr.org/2022/03/28/1089221657/dont-say-gay-florida-desantis

12   https://www.npr.org/2021/10/28/1050013664/texas-lawmaker-matt-krause-launches-inquiry-into-850-books

정체성 정치: 좌파의 제 무덤 파기

1   https://www.youtube.com/watch?v=PCHJVE9trSM

2   https://www.theatlantic.com/magazine/archive/2021/09/blame-the-bobos-creative-class/619492/

3   https://www.youtube.com/watch?v=MXnePLTILY4

4   https://www.pewresearch.org/politics/2021/06/30/behind-bidens-2020-victory/

5   https://twitter.com/rubengallego/status/1324071039085670401

6   https://www.youtube.com/watch?v=qaHLd8de6nM

7   https://twitter.com/spdde/status/1368147819631116290?lang=de

8   https://www.faz.net/aktuell/feuilleton/debatten/wolfgang-

thierse-wie-viel-identitaet-vertraegt-die-gesellschaft-17209407.
html?premium

9   https://spd.berlin/pressemitteilung/fuer-die-gleichstellung-
aller-frauen/

10 https://www.spiegel.de/panorama/leute/ellen-page-hollywood-
star-ist-transgender-und-heisst-jetzt-elliot-page-a-5321d88b-
f11a-4fb8-9967-b00a47732c4

11 https://www.zeit.de/zett/queeres-leben/2022-01/transfeindli
chkeit-tessa-ganserer-frauenquote-feminismus

12 https://www.tagesspiegel.de/gesellschaft/queerspiegel/das-
verraet-alle-grundwerte-der-frauenbewegung-gruene-
verurteilen-transfeindliche-angriffe-auf-tessa-ganserer/
27996432.html

민주주의를 위한 노력: 생산적 싸움이 필요한 이유

1   Francis Fukuyama: *Liberalism and its Discontents.* New York 2022, S. 1
ff.(《자유주의와 그 불만》, 이상원 옮김, arte, 2023)

2   Ebd., S. 2

3   Jonathan Rauch: *The Constitution of Knowledge. A Defense of Truth.*
Washington 2021, S. 90(《지식의 헌법: 왜 우리는 진실을 공유하지
못하는가》, 조미현 옮김, 에코리브르, 2021)

4   Francis Fukuyama: *Liberalism and its Discontents.* New York 2022, S.
14–15

5   https://twitter.com/janboehm/status/1496491910818668545

6   https://www.washingtonpost.com/media/2022/06/14/joseph-
kahn-new-york-times-twitter-democracy/

옮긴이의 말

표현의 자유 vs 잘못된 단어

말 한마디로 천 냥 빚을 갚는다는 속담도 있지만, 요즘 같아선 차라리 침묵이 금이라는 격언을 마음에 새겨야 할 것 같다. 잘못된 단어 선택으로 사회적 비난은 기본이고, 직장을 잃거나 고소를 당해 인생이 꼬이는 사람들을 너무 자주 보기 때문이다.

페미니즘과 연결된 발언은 특히 더 신중하고 조심해야 한다. 그 분야의 잣대는 얇디얇은 살얼음이기 때문이다. 심지어 아주 평범한 단어가 여성 비하로 해석되어 곤욕을 치를 수도 있으니, 조심하는 것만으로는 부족할지도 모르겠다. 예전에는 그저 농담으로 통용되던 말이 이제는 희롱으로 해석된다. 물론, 그것을 발전으로 보는 것이 맞겠으나 가끔은 좀 과하다는 생각이 들기도 한다. 얼마 전, 식당에서 손님이 점원을 '아가씨'라고 불러 곤욕을 치렀다는 보도를 읽었다. 나는 적잖이 당황했다. '여기요', '사장님', '이모', '아줌마', '아가씨', '어이'……. 정해진 호칭이 따로 없는 한국어에서 20대로 보이는 점원을 도대체 뭐라 불러야 정치적으로 올바른 걸까? '아가씨'라는 단어가 언제부터 불쾌한 단어가 된 걸까? 이러다간 맘 놓고

쓸 단어가 모두 사라지고 말 것 같다.

맥락을 무시한 채 단어만 비난하는 경우도 많다. 손가락으로 달을 가리키는데 달을 보지 않고 손가락 끝만 보는 형국이다. 그렇게 특정 단어에 비하 발언 및 혐오 발언이라는 딱지가 붙고 사람들은 폭도처럼 몰려다니며 테러하듯 돌을 던진다. 그리고 관계자는 두려워서든, 귀찮아서든 발언자를 해고하는 방식으로 폭도에 굴복한다. 돌을 던진 무리는 그렇게 효능감을 얻고 다음 표적을 물색한다. 결국 말조심이 지혜가 되고 표현의 자유는 위축된다. 악순환이다.

이처럼 과민한 반응으로 논란을 조장하는 경우도 있으나 사실 불쾌할 정도로 심한 발언도 많다. 그래서 저런 발언에도 표현의 자유가 허용되어야 할까, 하는 회의감이 들기도 한다. 결국 선을 지키는 것이 관건인데, 그 선을 누가 정한단 말인가! 사회적 약속이라고 말하고 싶지만, 극우 유튜버는 물론이고 확인되지 않은 정보를 사실로 믿고 열심히 주변에 퍼트리는 사람들을 보면 과연 사회적 약속이라는 게 가능하기는 한지 묻고 싶어진다. 혐오 발언과 가짜 뉴스는 없애고 표현의 자유는 보장하는 것이 정답이겠으나, 이룰 수 없는 목표처럼 보인다. 요즘 같아서는 혐오 발언과 가짜 뉴스를 북돋우고 표현의 자유를 억압하는 것처럼 보이기 때문이다. 각자의 기준으로 자기 맘에 드는 발언에는 표현의 자유를 요구하고 맘에 들지 않는 발언은 잘못된 단어로 비난하는 것 같다.

이 책은 트럼프가 대통령이던 시절의 미국에 관한 얘기다. 독일 기자가 미국에 특파원으로 가서 보고 듣고 느낀 것을 기록했다. 저자가 한국에 특파원으로 왔어도 이와 똑같은 책을 쓰지 않았을까

옮긴이의 말

싶다. 정말이지 모든 목차에서 한국과 똑같은 상황을 맞닥뜨린다. 그래서일까? 나도 모르게 계속 한국의 사례를 찾아 비교해보았고, 놀라울 정도로 딱 맞는 사례가 떠올라 깜짝깜짝 놀라곤 했다. 여러분도 그렇게 해보시길 권한다. 독서가 두 배 세 배로 재밌어질 것이다. 내가 떠올린 중첩된 사건과 인물들을 여러분도 떠올리기를 기대해본다. 그리고 소중한 민주주의와 표현의 자유를 건강하게 지켜내려면 우리가 뭘 할 수 있을지도 고민해보길 권한다.

사족. Lieberal을 어떻게 옮겨야 할지 난감했다. 대조적인 두 정치 성향을 크게 분류하면 Lieberal과 Conservative다. Conservative는 '보수'로 옮기면 간단한데, Lieberal은 그렇게 간단치가 않았다. 한국에서는 '보수'의 대립어를 '진보'로 쓰는데 '진보'라는 단어에서는 '자유'가 느껴지지 않기 때문에 Lieberal을 기계적으로 '진보'로 옮길 수는 없었다. 결국, 맥락에 따라 자유주의, 진보, 좌파를 적절히 혼용했다. 혹여 읽는 동안 걸리는 부분이 있더라도 양해해주길 바란다. 평계를 대자면, 한국에서는 자유와 진보와 좌파가 주는 어감이 워낙 달라 적절히 혼용하기조차 쉽지 않았다. 잘못된 단어를 선택했다고 비난하지 말고 본래 의도를 헤아려주길 바란다.

잘못된 단어
정치적 올바름은 어떻게
우리를 침묵시키는가

1판 1쇄 발행	2024년 3월 20일
1판 2쇄 발행	2024년 4월 30일

지은이	르네 피스터
옮긴이	배명자
펴낸곳	(주)문예출판사
펴낸이	전준배

기획·편집	백수미 박해민 이효미
디자인	최혜진
영업·마케팅	하지승
경영관리	강단아 김영순

출판등록	2004.02.11. 제 2013 – 000357호 (1966.12.2. 제 1 – 134호)
주소	04001 서울시 마포구 월드컵북로 21
전화	393 – 5681
팩스	393 – 5685
홈페이지	www.moonye.com
블로그	blog.naver.com/imoonye
페이스북	www.facebook.com/moonyepublishing
이메일	info@moonye.com
ISBN	978-89-310-2350-3 03300